ハマのドン

横浜カジノ阻止をめぐる闘いの記

枝
Matsubara Fumie

a pilot of wisdom

はじめに

　ＩＲ（Integrated Resort）＝カジノを含む統合型リゾート施設誘致の取材を始めたのは、ちょうど私が「報道ステーション」を離れた二〇一五年からだ。

石原慎太郎都知事時代からカジノ誘致の話はくすぶってはいたが、世間の反対論も強く、現実的ではないと見ていた。ところが、安倍政権になってから動きがかまびすしくなる。二〇一四年には、安倍晋三元総理がシンガポールのマリーナベイ・サンズを視察した。米朝首脳会談前夜、金正恩《キムジョンウン》朝鮮労働党委員長が夜景を見に訪れて一躍その名が知られるようになったカジノ一体型のリゾート施設だ。

　自民党は日本維新の会などと組んでカジノ解禁の議員立法（ＩＲ基本法）を提出し、二〇一六年の年末に国会を延長、強行採決までして通した。

　この時のことを後に、元大阪市長で日本維新の会の共同代表を務めた橋下徹《はしもととおる》氏が大阪のIR展示会の講演で振り返り、こう述べている。

「IR基本法もね、駄目かと思ったんですね。公明党も猛反対して。あの時に、菅《すが》官房長官が絶対にやると言っていたが、維新の地に足の着いていない国会議員がそわそわそわそわして、菅さんのところに電話して、『大丈夫ですか、大丈夫ですか』と。菅さんは『やるって言ったらやる。俺を信じろ』とバンと電話を切って、維新の国会議員は『えらく怒られた』なんて言ってたみたいですけど。まあその後、国会がぎりぎりのところまで来て法案どうなるんだと言ったら、国会延長かけてもらって、IR基本法を通してくれたと。やっぱり本気で日本のためには、IR統合型リゾートが必要だということを、安倍さんと菅官房長官は強力なそういう意思を持ってますね」

さらに、カジノを実際に運営する実施法を、これまた二〇一八年の通常国会の会期を延長し、衆参の委員会で強行採決を繰り返した上で成立させた。

国政選挙で勝てば何をやってもいい、そんな風潮になったのは、安倍政権になってからだ。安倍—菅政権と自民党の一強時代が一〇年近く続き、数さえ押さえれば自分たちが民意だとすり替えて、国民の意見を重視しない。

国権の最高機関は国会だ。だが、社会の変容につながる重要法案は議論を尽くし落としどころを探るという概念は、完全に吹き飛ばされた。

アベノミクスの異次元緩和で金をじゃぶじゃぶにして、円安、株高に。景気はいいが、資産価格が上昇して富むのは持てる者ばかり。富裕層が潤えばいずれ庶民にも富が滴り落ちるというトリクルダウンは起きずに、格差が広がる。一人あたりＧＤＰの世界の中での順位は低下し、付加価値を生む力は弱くなり、経済力は落ちている。だが、支持率、株高を維持して選挙で勝利。その数の力で、集団的自衛権を認める安保法制、特定秘密保護法や共謀罪と、知る権利や自由を奪いかねない法律の強行採決を繰り返し、推し進めてきた。

カジノもその典型例の一つだった。

法律が通った以上、あとは、各自治体が誘致を申請して国の認可を待つだけだ。

人口約三七〇万人の大都市横浜市は、多くのカジノ事業者が狙っていた。カジノ推進をしてきた菅義偉《よしひで》官房長官のお膝元でもある。

その中で、保守の有力者、〝ハマのドン〟こと藤木幸夫《ゆきお》さんが菅官房長官、後の総理大臣に、真っ向から反旗を翻した。忖度《そんたく》がはびこる中で、普通ではあり得ない事態が起きたのだ。

これは大きなうねりになる可能性がある。私は経済部時代、横浜に通い、藤木さんの動きを逐一、ニュースや特集で取り上げてきた。

この勝負、一体どうなるのか。いくら実力者とは言え、相手は最高権力者だ。だが、この勝負には大きな意味がある。負けても闘う姿勢は多くの人に勇気を与える。

二〇一九年の〝ハマのドン〟のカジノ反対宣言から、二〇二一年夏の横浜市長選での最後の勝負までを追ったドキュメンタリーを、二回にわたってテレビ朝日で放送した。二〇二一年一一月は「テレメンタリー」という三〇分番組で、また二〇二二年二月には〝ハマのドン〟の人物像を加えた一時間版を、「民教協スペシャル」という番組で放送した。

最後まで闘い切ることができるのか。結果も分からなければ、目の前で起きていることがどうつながっているのか後で判明することも多く、はらはらする取材が続いた。

一時間版では、藤木さんはどんな人物なのか、港で博打《ばくち》が行われていた時代背景、闘うその胆力の原点は何なのかを描こうとした。

最後は相手を押さえ込む結末となった。

「民教協スペシャル」の視聴率は、この一〇年間で最も良く、視聴者からの声は二一一件も寄せられた。〝ハマのドン〟の生き様の価値を国内外で共有してもらえたようで、「テレメンタリー」は二〇二一年度最優秀作品に選ばれ、「民教協スペシャル」は放送人グランプリ二〇二二優秀賞、またドイツの「World Media Festivals（ワールドメディアフェスティバル）」ドキュメンタリー部門で銀賞をいただいた。放送人グランプリは、放送に携わってきた人たちが選ぶアワードで、放送の可能性を追求してきた人たちによる評価だ。海外でも共通の価値を見出《みいだ》してもらえたのは嬉《うれ》しかった。


藤木さんの生き方が引き寄せた人たちや、心を動かされた人たちを取材し、群像劇として映画を制作している。

本書では、〝ハマのドン〟の闘いの過程や政治の動き、また誰がどう行動したのか、映画制作に至るまでの過程など、その舞台裏を綴《つづ》った。

横浜のカジノ誘致断念は、保守かリベラルかというイデオロギーとは関係なく、市民の力が融合し、市民の手によって国策をなぎ倒してブレーキをかけた、最近では極めて特異な事例だ。本来、特異であってはならないのだが、政治が独善に走り、政治への諦めや無関心が広がる中で、国民の手に政治を取り戻す一つの示唆がある。

本書は、保守の実力者〝ハマのドン〟がカジノ阻止で最高権力者と闘った記録だ。保守とは本来何か、人心が動くとはどういうことなのか、人がどう生きるかということを感じ取って頂けたらと思う。

目次

ジャン・レノとベッカムも
一兆円を超える投資額
#立教はカジノに魂を売るな
沖仲仕の時代への思い
港で博打はやらせない
命を狙われる危険性
「横浜港ハーバーリゾート協会」の誕生
国際金融ブローカーやアトキンソン氏も
賛成から反対へ舵を切る
神奈川県で一番古い自民党員
「怖くないだろ、菅くらいのもの」
「菅さんと小此木八郎さんは別格」
林市長の「実質的な後援会長」
ディズニーでカジノに対抗
ミツカン出身のブレーン

無視を決め込む横浜市
藤木企業に横やりが入る

第二章　無党派市民の怒りとドンの宣戦布告

いつも「判断していない」市長
手のひら返しの白紙撤回
市庁舎に市民の怒号が響く
ドン、市民との連携を表明する
どこでも弁当を出す
いずれ寝返る？
絶対にぶれない
命がけで、一人でも闘う
在米建築デザイナーのアシスト
負けさせるためのあの手この手
絶対チョンボをさせない

第三章　藤木幸夫とは何者か？──117

藤木少年にとっての戦争
空襲で何を見て、何を知ったのか
レディアンツの悪ガキたち
中高生の読書会と討論会
夜警で結束が強まった
今も続く「サードプレイス」
類いまれなる読書家
とにかく活字に飢えていた
読書談義が終わらない
趣味は本屋に行くこと

第四章 そして、決戦へ

ルビコン川を渡る
市民と直接つながる
仲介役もレディアンツ

世論調査が逆転する
山中候補が圧倒的な勝利
首相、退任へ
主権官邸じゃなかった

第五章　闘い終えて、映画化へ

崔洋一監督の遺言
過去一〇年間の最高視聴率に
各方面から感想をもらう
映画化に向けて
反対のきっかけを作った人
想定外だったこと
リスク覚悟で協力を申し出た人
直筆の手紙からつながる
孵つながりで出会った人

図版レイアウト／MOTHER

肩書きは当時のものです。
敬称は省略している場合があります。

第一章　保守の大親分が反旗を翻す

噂《うわさ》のドンに会いたい

初めて藤木幸夫さんを取材したのは、二〇一九年一月四日の横浜港運協会の新年賀詞交換会だった。

藤木さんは、すでに二〇一七年頃からカジノ誘致反対を掲げていて、地元の『神奈川新聞』では取り上げられていたが、全国的にその言動が注目されるほどではなかった。スポーツ紙や週刊誌がたまに「ドンの一声で『横浜カジノ』消滅　『菅官房長官』がメンツ丸潰れ」（『週刊新潮』二〇一七年七月一三日号）といった記事を掲載するくらいだった。

そもそも自民党を支援する地元の実力者が、時の政権が進める政策に、声高に反対を叫ぶことなど滅多にない。特に安倍政権においては、異論を差し挟めば唇寒し、役人は飛ばされ、自民党議員は冷や飯を食って当たり前だった。企業幹部も陰口を叩《たた》くことはあっても、ビジネスに影響することを恐れて表立った批判は誰もしない。

藤木さんは港湾業界のドンと言われる、陰の実力者だ。自動的に「利権に食い込む」ほうへ仕分けられ、永田町・霞《かすみ》が関界隈《せきかいわい》では、「最後はお金か利権をもらって政権とつるむんでしょ」との見方が多かった。

しかも、カジノ実施法が成立した二〇一八年あたりから誘致の動きが加速し、カジノ候補地として最有力視されていた横浜は、カジノを推し進めてきた菅官房長官のお膝元である。実力者とは言え、そこで反対を鮮明にすれば、政権中枢を敵に回すことになる。

だが、藤木さんは、公然と反旗を翻した。

藤木さんの長年の盟友で、神奈川県自民党の長老、斎藤文夫元参議院議員が後にこう語った。藤木さんより二歳年上。長年の盟友だ。

「普通なら潰れる、潰されるんですよ。世の中だって、『あんなこと言ってるから、藤木さんに近寄るのはよそうよ』と思う人が出てくるかもしれない」

普通では反対などできない、相当な傑物でなければ、という意味だ。

一体どんな人なのだろう。とにかく本人の話を聞きたいと思ったが、相手は〝ハマのドン〟と呼ばれる港湾業界のトップである。勝手なイメージとは言え、「港湾」は荒っぽそうだし、メディアに開かれた業界とも言いがたい。ハードルは高そうだ。が、動かなければ話は始まらない。

まずは、藤木さんが会長を務める藤木企業に電話をしてカジノについて話を聞きたいと伝えると、「先日、テレビ朝日の社会部長と新任記者が挨拶に来られたから、そこで聞いてほしい」とあっさり断られた。

次に、横浜港運協会の事務局に電話をかけると、電話口に出たのは、横浜港運協会で常務を務める水上裕之氏だった。後に藤木さんの片腕と分かるが、その水上氏にカジノに対する考え方を聞いたところ、カジノがいかに問題か、懇切丁寧に説明された。藤木さんは声高に訴えているが、会社や組織は慎重なのだと想像していたので、まったく意外だった。

個別取材がだめなら、表の会合で捕まえるしかない。水上氏によると年明けに横浜港運協会の新年会があり、藤木会長が講演するという。カジノについて言及するかもしれない。開かれた場ということでカメラ取材を申し入れた。

ここから、藤木さんの取材が始まった。

大迫力の新年会

新年会の場所は、みなとみらい線の日本大通り駅を出て徒歩五分。中華街に近い、古い町並みの中にある洋館風の「ロイヤルホールヨコハマ」だった。この後も取材で足繁《あししげ》く通い、スタッフの方とも顔見知りにもなった宴会場なのだが、利用者には横浜市選出の政治家が多く、また、港湾業界も常連として日常的に使っている。

七階建てで、二階のホール「ヴェルサイユの間」が一番広い。一〇〇〇人が入る。新年会はここで開かれた。

一階のロビーは二階までの吹き抜けで、シャンデリアが煌《きら》びやかだ。一階から二階は螺《ら》旋《せん》状の階段でつながっている。大勢の来場者がそこを上がってホールに入って来た。会場は立錐の余地もないほど賑《にぎ》わっていた。港湾関係者や霞が関、横浜市の役人らが集っているようだ。

まだ藤木さんの姿はない。二階のホール前で待って、いつ来るのかと階下を覗《のぞ》いていると、藤木さんが車寄せから入って来て、螺旋階段に向かった。

螺旋階段の左右には下から上までずらりと出迎えの男たちが並び、その中を〝ハマのドン〟が上って来る。恰幅《かっぷく》が良く、笑顔で一人一人に声をかけながらだ。迎えの男たちは深々と頭を下げる。ゴッドファーザーの貫禄《かんろく》である。ただ、映画のような暗さはなく、陽のゴッドファーザーという感じだ。

映画を見ているような強烈な場面だった。想定していなかったから、カメラマンは会場内で準備に追われていて、撮影に間に合わない。またとない場面を撮り損ね、後悔しきりである。

やがて藤木さんが会場に現れる。入口には正月らしく着物の装いのコンパニオンが並び、その女性たちに対しても、笑顔で敬礼。後ろには、いつも同行する港湾の幹部たちが縦一列に並んで入って来る。ごった返す会場で来客と言葉を交わしながら、前方へ歩を進める。

新年会が始まった。来場者の多さもさることながら、目を惹《ひ》いたのは、横浜市選出の国会議員から県会議員、市会議員たちが壇上にあふれんばかりに集っていたことだ。

自民党だけでなく、公明党や立憲民主党の議員もいる。政治家や業界団体の新年会や政治資金パーティーを取材することは多いが、ここまで政治家が一堂に駆け付けることは滅多にない。

一回では壇上に収まりきらないため、まず横浜市選出の衆議院議員十数名が名前を紹介され、次に参議院議員が一〇人ほどが並ぶ。そして、同じ数ほどの県会議員、市会議員と

毎年恒例の新年会には議員が大勢駆けつける

続く。計四回。政治力を示す光景だ。

藤木さんが挨拶をする。カジノの件にどう触れるのか、ここで触れないとニュースにならない。ところがこの日の挨拶は、横浜港の発展の話を五分しただけで終わってしまい、カジノには一言も触れなかった。

藤木さんのぶら下がりを狙う。新年会が中締めされると、藤木さんの前には、挨拶をするために長蛇の列。写真撮影も行われていた。それを待って、ぶら下がりインタビューを依頼する。この時はテレビ朝日の一社だけだった。

講演で言及しなかったので、カジノについて話すのを嫌がるか言葉を濁すかと思ったが、藤木さんはカメラインタビューでとうとうと語った。

横浜はそんなさもしい街じゃない

「カジノの依存症で街が潰れているところが（海外には）たくさんある。よその国の人が日本を使ってお金を儲《もう》けて、そのおこぼれにあずかろうなんて、横浜はそんなさもしいところじゃない。おこぼれの金はいりません。そんなさもしいことで食えない街ではない」ときっぱり。

横浜の経済界がやりたいと言っていることについても、にべもない。

「ああ、あれは『おこぼれ組』。資本主義の末期症状になると、汗を流さないで金を儲けたい人はいっぱいいるんだから、今」

挨拶よりも長く饒舌に一〇分ほど、どんな質問にも丁寧に答えた。永田町や霞が関で聞いていた強面のイメージとはまったく違う。

インタビューを翌日の朝ニュースで放送した。

「さもしい」「おこぼれ」。分かりやすい。

藤木さんは、その時々の時勢に合わせて、本質を突いた言葉を力強く使う。人の心に刺さる。

後に分かるが、類いまれなる読書家であり、港湾業界とヤクザの時代を知り尽くし、義理人情恩返しの社会を生きてきた人だった。そして、戦争を潜《くぐ》り抜けた体験を持つ。

この時、藤木さん八八歳――。

東映の任侠《にんきょう》映画みたい

一月の新年会以降、藤木さんが新しい団体を作るということを聞き、番組の特集にできないかと、カメラインタビューを申し込んだ。インタビューだけでは成立しないので、港湾の幹部たちの会議などを撮らせてほしいと依頼した。すると横浜港運協会から、五月一五日に団体立ち上げの会見をするので、その前ならOKという返事が来た。

午前九時からの幹部会。場所は山下ふ頭の入口すぐの横浜港運会館。

今はコンテナ船が主流で、その荷下ろしは本牧《ほんもく》ふ頭や南本牧ふ頭で行われている。山下ふ頭は倉庫としての機能が主だ。倉庫が立ち並ぶ中に、落ち着いた趣のある三階建ての横浜港運会館がある。ここに港湾の幹部たちが集まる。三〇分前にはスタンバイし、入口で彼らを待った。

藤木さんはすでに到着していた。その頃はまだ分からなかったが、藤木さんはどんな会場でも、たいてい一時間ほど前には来ている。我々は撮影準備があるから、藤木さんより早く行かないと、新年会の時のように大事な場面を撮り損ねかねない。

後に衆議院選挙の応援に入った時に、なぜそんなに早く来るのかと聞いたところ、こう答えた。

「早く来ればいろんな人と出会えて、話ができるでしょ。それが大事なんだよ」

確かに、応援演説の前に多くの人に声をかけ、言葉を交わし、冗談を言って笑わせている。支援者の元気のいい女性たちが取り囲んで盛り上がっていた。

とにかく人の中に入り込んでいく。子供にも声をかける。盆踊りや祭りの会場に来て挨拶して握手して終わりという、ありがちな来賓のふるまいとは違う。

そうこうしているうちに、港湾の幹部たちが続々と車で到着し始めた。見慣れないテレビカメラが入口で構えているので、不審の目で見られ、明らかに警戒された。「車は撮影しないでよ」と言われる。

車はベンツやアルファード、センチュリーなどの高級車ばかり。そこから港の親分たちが降りてくる。注文がついたのは、港のイメージが悪く受け取られかねないから、ということだったそうだ。

この日は、横浜港運協会の幹部会と役員全体会議が開かれることになっていた。幹部会には、藤木さんの他に、港湾荷役、倉庫や運送業のトップ一〇人ほどが集まった。

会議の最後にカメラが入ったが、いきなりの撮影だから誰も話さない。カジノの話が出ないとニュースにならない。私が港の幹部たちを前にカジノについて質問したところ、藤木さんが一人で話し始めた。

「依存症で家庭が壊れているところがたくさんあるんだ。カジノになったらもっとすごいよ。だからカジノに反対するって言ってるわけ。そうすると共産党や市民団体が来て、『一緒にやりましょう』と。お断り。私たちは港の人間なんだ。イデオロギーは関係ないんだ。港は港湾人っていうんですよ。港湾人だけでまとまって団体を作る」

他の親分たちは特に意見を差し挟まない。藤木さんの話が、港湾業界の決定事項のようだ。

港湾の幹部たちを前に、藤木さんはよく軽口を叩く。

「東映の任俠映画みたいだ。顔も似てる。でも、堅気ですからね、僕らは。ヤクザはいません」

カジノ誘致のそもそも

話の時系列を遡る。

そもそもカジノ誘致を言い始めたのは、東京都知事だった当時の石原慎太郎氏だった。カジノは刑法の賭博罪にあたり、禁止されてきた。国会ではこの頃から何度も議員立法で誘致の提案が試みられたが、国民の反対も強く、その都度断念するか廃案となってきた。連立与党の一角である公明党の反対も強く、成立は難しいとされてきた。それが安倍政権になって急速に推し進められた。

二〇一六年には、年末の国会を延長して、採決を強行。自民、日本維新の会らの賛成多数でカジノ解禁法が成立した。

この時、公明党は自主投票だった。山口代表は参議院で反対票を投じている。

衆議院内閣委員会で採決を強行した委員長は、自民党の秋元司氏だ。のちに、「500ドットコム」という中国のカジノ事業者から賄賂を受け取った疑いで、逮捕・起訴された。

強い意欲のカジノ事業者

解禁法が成立した頃から、カジノ事業者たちは攻勢を強めてきた。

横浜への誘致は、アメリカのラスベガス・サンズが最有力と見られていた。アメリカでトランプ大統領が誕生し、二〇一七年二月に、安倍総理がトランプ大統領と初の首脳会談に臨んだ。

会談の直前に、安倍総理は現地の経済人と朝食を共にしている。この場には、世界の〝カジノ王〟とされたラスベガス・サンズのシェルドン・アデルソンCEOも参加していた。アデルソン氏は、トランプ大統領の大口献金者だ。他にも、日本進出に意欲を持っていたシーザーズ・エンターテインメントCEOやMGMリゾーツCEOが出席していた。

アデルソン氏は、二〇一二年に日本で開かれたイベントで、「パチンコ店は一万二〇〇〇もあるのに、どうして日本で（カジノが）できないのか理解できない。他の賭けごともやっているじゃないか」と不満を述べ、日本進出に強い意欲を示していた。

野党はこの訪米の中で、トランプ大統領やカジノ事業者から要望が出たのではないかと見ていた。国会で朝食会でのやり取りを質したが、安倍総理は「参加者の中にはカジノ経営者が含まれていたが、統合型リゾート施設は観光立国を目指す日本にとって有益である点、また、IRに対する社会的懸念等の課題の解決に貢献していきたい等の発言があった」と答弁するにとどめた。

その後野党から出された質問主意書でも、「歓迎するコメント等があったが、いわゆる要請は一切なかった」と答弁している。

IRセミナーにいた政治家の面々

当時、大手カジノ事業者によるセミナーが盛んに開かれていた。開催場所は決まって超高級ホテルだ。

二〇一七年五月に大々的に行われたIRカンファレンスは、カジノへの投資を期待する金融機関、事業を誘致したい自治体や政治家を招いた場だった。会場は、六本木のグラン

ド ハイアット 東京の「グランド ボールルーム」。こうしたセミナーには、超党派の国際観光産業振興議員連盟（ＩＲ議連）の国会議員らがよく顔を出していたが、この日姿を現したのは、萩生田《はぎうだ》光一官房副長官、議連会長の細田博之氏、事務局長の西村康稔《やすとし》氏。いずれも安倍総理の派閥で、細田氏は派閥会長だ。

公明党は遠山清彦衆議院議員。のちに、コロナ禍で緊急事態宣言が出ていた中、銀座の高級クラブに行っていたことが発覚。さらに、自身の資金管理団体がキャバクラなどでの飲食費を政治資金から支出していたことも判明して、議員辞職に追い込まれた人物だ。

野党は民進党の玉木雄一郎氏（のちの国民民主党代表）や、日本維新の会から松浪健太氏らが参加していた。

この場で、萩生田氏は、副長官として同行した日米首脳会談後の会食の話題を披露した。

「夜フロリダでのトランプ大統領との会食の席で、日本のＩＲの状況について話題になったんです。私がトランプ大統領にいろいろ説明すると、『何故副長官はそんなに詳しいんだ』と聞かれまして、『私は実は担当なんです』と話したら、大変心強く評価をしていただきました」

政府のＩＲ整備推進本部でカジノ実施法案を取りまとめていた幹部は、よくぼやいていた。

「やりたくないけど、政府がやるって言ってるんだからしょうがない」

そして、二〇一八年七月には、カジノを実施するための制度設計を盛り込んだ実施法が、これまた採決を強行して成立した。この時の委員長は自民党の山際大志郎氏。自民、公明、日本維新の会の賛成多数で成立した。

ジャン・レノとベッカムも

カジノ実施法が成立したことを皮切りに、世界の大手カジノ事業者は一斉に売り込みを始めた。

カジノ誘致に名乗りを上げた大阪や和歌山、また前向きと見られていた横浜や北海道などで、ＩＲ展と称する展示会を頻繁に開く。そこでは、『ジュラシック・パーク』さながらの巨大恐竜ショーや、ラスベガスの舞台そのままにセクシーな装いの女性たちが披露するミュージカル『シカゴ』、本場ハリウッド仕込みのヒップホップダンスなど、煌びやかなパフォーマンスを繰り広げていた。

今も環境やIT、医療などの展示会を取材することが多いが、カジノ事業者が日本に進出するための金のつぎ込み方は半端ではない。同じIR展にブースを設けたゼネコンの幹部も、金のかけ方の違いに驚いていた。

カジノ誘致に積極的な自民党の二階俊博幹事長の地元和歌山には、映画『レオン』で人気を博したハリウッドスター、ジャン・レノ氏が登場した。フランスの大手カジノ事業者グループ・ルシアン・バリエールが、和歌山への進出を狙って宣伝に来たのだ。広告塔のレノ氏が、「日本に通い出して四半世紀になる。長い付き合いです。日本人のための素晴らしい計画です」とPR。その後、黒潮市場に場所を移してマグロの解体ショーを見学し、カマトロを試食する。彼が和歌山に現れ、マグロの刺身を食べれば、それだけで画《え》になる。

シンガポールのマリーナベイ・サンズが日本メディア向けに開いたイベントでは、サッカー元イングランド代表のデビッド・ベッカム氏が登壇した。丸テーブルで氏を囲む懇談形式のインタビューの場も設けられ、彼は「日本が大好きで、日本にIRができればもっと行く機会が増えるから、楽しみだ」とPR。記者一人一人に笑顔で握手をした。

一兆円を超える投資額

カジノ事業者たちが、常に強調していたのが、その投資額の大きさだ。

ラスベガス・サンズが「一兆円規模」と言えば、マカオで展開するメルコリゾーツは「一兆円を超える額になるだろう」と対抗。リゾート開発の世界では、東京ディズニーランドが総開発費で約一八〇〇億円、東京ディズニーシーが約三三五〇億円である。一兆円は桁違いの額だ。

あるゼネコンは、もし受注できれば、五〇〇〇億円〜一兆円規模になると見ていた。森タワーなどの都心の高層複合ビルが五棟〜一〇棟建つレベルで、超大型物件だった。

だが、日本国内のカジノへの抵抗感も強い。事業者たちは、カジノのイメージ向上の世論喚起にあの手この手を繰り出す。

驚いたのがイベントの景品だ。大阪に照準を定めていたアメリカのMGMリゾーツは、大阪での展示会イベントで、来場者がアンケートに協力すれば、抽選で一〇〇名に景品を提供すると打ち出した。景品はキャビアである。MGMが世界のVIPに提供している

カジノ展示会における本場ラスベガスのパフォーマンス

「宮崎キャビア１９８３」という高級銘柄。製造・販売元に聞くと、二〇グラム一万円（税別）の品だった。

　さらに多くの事業者が、ラスベガスやシンガポールの現地視察をどうぞと、メディア見学ツアーを呼び掛けていた。食事代や宿泊・交通費込みのあご足つきだ。

　アメリカのある事業者は、二泊四日で、費用五〇万円はくだらないであろう豪華ツアーを組んでいた。到着した日は、リゾート内の高級レストランでディナー。翌日は、ホテルやプール、コンベンションセンター、劇場の見学。その間に、ＣＥＯのインタビューの場が設けられ、夜は幹部と一緒に会食するというスケジュールだ。

ただし、どこの展示会でも、豪華ツアーでも、肝心のカジノの現場は見せない。先述したＩＲ展示会でも豪華なショーはあっても、カジノの展示はない。見学ツアーも、カジノエリアだけは見せない。ＣＥＯのインタビューが取れる貴重な機会なので、自腹を切って参加するにしても、現場を撮影できなければ意味がない。

そんなにカジノを見せたくないのか。そこまで隠すと、ますますカジノは良くないと自ら語っているようで、逆効果だと思うのだが。

#立教はカジノに魂を売るな

カジノ事業者たちは、アカデミアへも触手を伸ばしていた。

二〇一九年六月には、立教大学がマカオ大学と共催し、キャンパスのある豊島《としま》区が後援する形で、ＩＲについてのシンポジウムと一般向けの講座が企画された。

シンポジウムのパネリストには、世界の大手カジノ事業者のトップたちが顔を揃《そろ》える。マカオの〝カジノ王〟ことメルコリゾーツのローレンス・ホーＣＥＯ、中国系のギャラクシー・エンターテインメント日本法人ＣＯＯ、シンガポールのマリーナベイ・サンズＣＥ

O。大学がカジノ推進の旗を掲げるかのような立て付けだった。

ところが土壇場になって、豊島区が後援を降りるという事態が生じた。

豊島区の担当者に取材したところ、「話が違った。立教大学からの当初の申請では、IRを学術的に議論するとなっていた。立教も共催しているから大丈夫と思って後援したが、その後パネリストのほとんどが推進派の経営者だと分かった。申請内容と隔たりがあると判断して後援を取り消した」と話していた。

さらに、シンポジウム初日には、立教大学の当時の総長である郭洋春《カクヤンチユン》氏が、「今回マカオ大学と共に日本のIR産業発展の高度人材を育成するこのようなプログラムに関われたことを心より嬉しく思っております」と挨拶。大学のトップがIR、カジノを推し進めるような発言を行ったことで、大学の教授陣から抗議の声が上がった。さらにツイッター上で立教大学の教員が発信した「#立教はカジノに魂を売るな」というハッシュタグが広がり、学内外から批判を浴びることとなった。

こうした一連の騒ぎで、立教大学構内での一般講座の取材は非公開に。最後は、立教大学もシンポジウムの共催を降りて、マカオ大学の主催となった。

山下ふ頭で藤木氏に初めて個別インタビュー

二〇一八年に成立したカジノ実施法で、日本で事業ができるのが最初は最大三か所と限られていたから必死だったとは言え、カジノ事業者らの攻勢は、バブル時代に戻ったかのような〝カジノ狂騒曲〟の様相を呈していた。

沖仲仕《おきなかし》の時代への思い

藤木さんに初めての個別インタビューを行ったのもこの時期だ。山下ふ頭の先端まで、歩きながら話を聞く。途中フォークリフトが倉庫から荷物を運んでいる。ここでも働いている人たちに気さくに声をかけて行く。

山下ふ頭は、四七ha、東京ドーム一〇個分の広大な敷地だ。みなとみらいが一望できる絶好のロケーション。横浜市の所有だが、現場の仕事は藤木さんが実質的に仕切っている。先端に着くと荷役会社の幹部たちが集まってくる。なぜそこまでカジノに反対するのかを聞いた。

藤木さんは、沖仲仕たちの話から始めた。山下ふ頭で働いてきた親の時代の港湾労働者たちのことだ。

「荷揚げの時に落ちて死んだり、挟まれて死んだり、汗は毎日流れてたけど、血も流れてた。港湾に関する法律だとか協会の設立趣意書には、『社会的地位を向上し』という言葉が必ず入ってる。ってことは、社会的地位がなかったってこと。そういう人たちが、ここで五〇年も一〇〇年も働いてたんだ。私の親父《おやじ》やその連中が、波止場人足と言われた頃を考えると、ここで働いた先輩たちはね、食いたいもんなんか食ってないからね。昔の人は。港の人は。着たいもんなんか着てない。言いたいことなんか全然言ってないよ。そうやってね、辛《つら》い仕事をしてたんだよ」

豪華客船が寄港する大さん橋の袂《たもと》に、港湾労働者の供養塔がある。これまで港湾荷役での事故は多かった。毎年、ここで藤木さんは港湾労働者の供養を行っている。その山下ふ頭に、「わけの分からない、苦労も知らない、人様のために働いたことがない、自分だけが良ければいいっていうやつらが金に飽かせてここに来て、博打うって酒食らって帰られたんじゃ、ここで働いた人に申し訳ない」と。

港で博打はやらせない

港湾荷役への社会的な理解が進んでいない。藤木さんはこのことをめぐって経団連と喧《けん》嘩《か》した時の話をよくする。藤木さんが港湾産業という言葉を使ったら、「港湾は産業じゃないだろ。上はヤクザで、現場はプー太郎だ」と馬鹿にされたという。貿易は荷役がなければ成り立たないのに、産業として見なさないことに憤ったのだと。

コンテナ船の時代になり、藤木さんは、港の荷役は技術力がものを言うと確信した。海外を視察し、一九七二年に「港湾カレッジ」を作った。港湾荷役の知識を学び技術の実地訓練を行う専門学校だ。

世界銀行とイギリスの調査会社「ＩＨＳマークイット」が毎年、コンテナターミナルの正確性とスピード、信頼度などで、世界の港を評価している。横浜港は、二〇二〇年に世界一位にランキングされた。

藤木さんはこの実績を、港の幹部会や集会でも演説会でも、小学生の課外授業や大学生との懇談でも、どこでも披露する。海上でコンテナ船の貨物が崩れれば、それを立て直すのも横浜港だ。港の発展を成し遂げてきたという自負がある。

その場所に、カジノ＝「博打」を持ってくるのはダメだと。

「カジノは要するに博打だ。博打でおけらになり、家庭が崩壊し、夫婦別れが起き、親子別れが起きる」

これが誘致に反対する藤木さんの言い分だった。

命を狙われる危険性

横浜の経済界はこぞって賛成しているのに、唯一立ちはだかった〝ハマのドン〟。カジノ事業者にとっては、目障りな存在だった。海外大手事業者のセミナーや会見で、藤木さんのことを聞くと皆名前を知っていた。アメリカの大手事業者のCEOは、「地元に利益があることを伝えたい」と話していた。口さがない事業関係者たちからは、「あの人さえいなければ、カジノを進められる」という言葉をよく聞いた。

この状況について藤木さんに聞くと、こう答えた。

「カジノ産業っていうのは、殺し屋も入ってるの。殺されてもいいという人でないと（仲間に）呼べない。だから仲間を募ってない。危険は百も二百も承知。俺一人で反対する。一緒にやろうとは言わない」

映画『ゴッドファーザー』でも『カジノ』でも、利権をめぐってマフィアに狙われ、殺される場面がある。初期投資だけで一兆円を超す事業で、賭ける金も桁違いの世界。とはいえ、さすがに映画のようなことはないのではと思っていたが、当時、周囲の人たちは、藤木さんが狙われる危険性があると相当な用心をしていたという。

藤木さんは、横浜の自宅近くの駅から電車に乗って、新橋で降り、銀座の竹葉亭まで歩いて行って、鰻《うなぎ》を食べるのが好きだ。だが、カジノ反対で注目を浴び始めた頃から、周囲は電車を使うのをやめさせた。線路に突き落とされることは映画や小説の世界だが、駅の階段でちょっと背中を押されたら、簡単に転がり落ちる。実際にカジノとは関係ないが、監視カメラの死角を狙って、階段から突き落とされて亡くなり、事故死扱いされた事例を聞いたことがあるということだった。

藤木さんは、自宅から本社までよく歩いていたそうだが、それも会社の車に変え、運転手には乗ったらすぐにアクセルを踏むようにも指示していたという。

「横浜港ハーバーリゾート協会」の誕生

カメラインタビューを行った二〇一九年五月一五日の午後、藤木さんは、横浜港運会館の会議室で記者会見を行った。

全キー局のカメラが集まった。そこに、港湾の幹部を引き連れ、笑顔でお辞儀しながら入って来る。

「皆さんこんちわー。お忙しいところ、皆さん、ありがとう」

会見場のテーブルに港湾の幹部が一列に並んで座り、その真ん中に藤木さん。後ろにも、港湾幹部が一列に控えている。一人一人、名前を呼んで紹介される。

この日は、港が一体となってカジノ反対を明確にする日だった。

藤木さんは、ものを言わない忖度が蔓延《まんえん》している時代の空気を喝破した。

「何かこの頃、言論統制まではいかないけども、一言言わなきゃいけないのに、言わねぇなと。法案はばんばん通っちゃうしね。法案通すんだか、集団強盗やってんだか、分かんないような法案の通し方してるしね。これでいいのかなあという。昭和一四年、一五年、一六年、あの大きなアメリカとの戦争の前の年、その前の年。あの時私はランドセルしょってる小学生だった。様子がばんばん変わってくる。何か子供心に様子が違う。何か今ね、そんな空気をね、私は感じてるんですよ、最近。何か普通じゃないなと」

そして、カジノに反対すること、新しい団体を作り、そこで活動していくことを表明した。団体の名称は、「横浜港ハーバーリゾート協会」。トップに藤木さんが座り、横浜港運協会加入のおよそ二五〇社全社が、新しい協会にも加入する。

港の事業とは切り離して、カジノ反対で政治的に動く団体の誕生だ。ここが後の横浜市長選の足場になっていく。

ただ、この時の会見では、藤木さんは林文子市長に市民投票をやるように呼び掛け、菅氏への批判も控えていた。

国際金融ブローカーやアトキンソン氏も

藤木さんは、もともとはカジノを推進していた。山下ふ頭のインタビューでも、その後の会見でも、自身で公言していた。

「自分は推進派だった。二階（俊博）と一緒にやろうと言ったんだ」

二〇一二年に安倍政権になって、カジノが成長戦略として位置づけられる。その頃から横浜経済界でＩＲ導入に向けた蠢《うごめ》きが始まった。

横浜港の大さん橋には世界各国の豪華客船が寄港する。ここに停泊している観光船ロイヤルウイングの貴賓室「カサブランカ」が、二階氏のお気に入りだ。総務会長だった当時の二階氏は、わざわざ横浜まで足を運び、その場で藤木さんにカジノを一緒にやろうと約束したのだそうだ。

藤木さんによると、「俺は方々から頼まれたんだ。『カジノは儲かる。シンガポールもマカオも盛んで、これで横浜市の財政がうんと豊かになる』と。林市長が言うには、中学校の給食や無料バス、健康診断などできないことが全部できると。横浜港も財政がとても良くなる。じゃあやらなきゃしょうがないだろう」と。

藤木さんのもとには、国際金融ブローカーの和田誠一氏の仲介で、大手商社や設計会社、投資ファンドなどが説明をしに集まってきた。アナリストのデービッド・アトキンソン氏もそのうちの一人。当時、菅官房長官の観光政策のブレーンといわれた人物だ。和田氏は、消費者金融の武富士の経営が厳しい時に資金調達で救い、その名が一気に知られた。

和田氏に関しては、取材中にこんなことがあった。

藤木さんが日本外国特派員協会で会見をした時に、会見場に明らかに記者とは雰囲気が違う男性がいた。会見を終えた藤木さんがエレベーターホールに向かうと、その男性が話しかけようとしている。ただ、こちらがカメラを回しているので、カメラを避けようとして挙動不審に見える。カメラに映り込みそうになると、外国人のスタッフと思われる人がカメラの前に入ってくる。誰だろうと思っていたら、それが和田氏だった。

その時は、和田氏は藤木さんに挨拶をしただけでその場を離れた。

賛成から反対へ舵《かじ》を切る

そんな和田氏たちと共に、横浜でＩＲ導入に向けた背景や、海外事情、課題について勉強会を行っていたという。二〇一四年のことだ。藤木さんは当時を振り返ってこう明かした。

「投資家の代表が来ていた。そういう俺たちの覗くこともできないような世界を知ってる人が、横浜と聞いたら飛びついた。東京は競争が多すぎて、お金がかかりすぎる。横浜だったら、藤木に五億円持って行きゃＯＫだよって言われてたらしい。俺のところに三億、五億持ってくるやつがいたからね、その頃は。カジノをやるには誰と誰を口説いて、どういうハンコをもらって、誰の了解を取ってっていう、彼らには彼らのノウハウがあったんでしょう。そこに藤木が入ってたんでしょう。『力貸せ』ってことだよね。仲間になってくださいと」

だが、藤木さんは、ほどなくして「山下ふ頭で地元への利益還元が見込めない企業進出には反対」と打ち出した。ＩＲ＝カジノを含む統合型リゾート施設は海外企業の専売特許だ。収益は海外企業に持って行かれることから、否定的な考えを持っていた。

そして二〇一五年七月一日。藤木さんは、菅官房長官に会いに議員会館を訪れた。

藤木さんは、菅氏に、「ＩＲをやるなら俺がやる」と話したという。だが、菅氏は何も答えなかったそうだ。この頃すでに関係者の間では、大成建設がラスベガス・サンズと組んで事業に参入する話が持ち上がっていた。後に詳しく記すが、カジノの実態を研究し依存症のことを学ぶ中で、藤木さんのカジノ反対の意思は確固たるものになり、舵を切った。

神奈川県で一番古い自民党員

藤木さんは、菅義偉氏を長く支援してきた後ろ盾でもあった。

自分でよく口にするが、彼は「神奈川県で一番古い自民党員。今でも自民党員」だ。自民党幹事長など要職を歴任した二階俊博氏とは兄弟分。麻生《あそう》太郎氏とは親しく、森喜朗氏とは早稲田大学の先輩と後輩の間柄。竹下登氏の神奈川県の後援会長。古くは石橋湛山氏が横浜に足を運んだ際に、案内役を担っている。

港湾整備を進めていく上で、政治とのつながりは深くなる。政界の人脈は幅広い。

肝胆相照らす仲なのが、自民党政調会長を務め、運輸大臣などを歴任した亀井静香氏だ。

亀井氏に藤木さんについて聞いた。

「あの人はね、全国の港湾のね、親分。横浜港だけじゃなくてね、全国の港湾の大ボス。政調会長の時にね、そういう港湾行政、そういうものに対してね、あの人にね、いろいろと協力をしていただいた」

——具体的には？

「横浜港の整備について、彼の意見を聞いて、予算をつけて港の改修をやった」

——全国の港湾関係でも相談していたか。

「全国の港湾関係を仕切ってた方なんだから、協力を得なきゃいかんからね。こうしたほうがいいよ、ああしたほうがいいって、港湾関係の親分だから彼の話を聞いちゃうんだね。学者連中の話なんか聞いたってどうにもならない」

——港湾を仕切るというのは難しいのか。

「港湾の荷役というのは大変だよ。命が懸かってるんだから。ちょっと間違えるとね、事故が起きて殉職者が出ちゃうんだよ。陸上での仕事と違うんだよ、沖仲士の仕事というのは。命を懸けてる仕事だから、それを取り仕切ってる責任者は大変だろうな」

「そういう人たちの協力を得なければ、運輸省が何を言ったところでね、港湾行政はうまくいかないんだよ。絵に描いた餅じゃしょうがないんだよ。貨物船が経済の大動脈。大動脈ですよ、船は。そして機能するわけだ。そこにはそういう沖仲士の人たちが、いくら機械化してもそういう人たちの力がいるんだよ、分かる？　そういう人たちの考え方を聞かないと、港湾行政だってやれないからね」

――〝ハマのドン〟と言われる、その力の源泉は？

「そりゃ、簡単よ。藤木さんの人間力。大親分の人間力ですよ。清水次郎長と一緒さ。人間力があって初めて、そういう人たちが立ててくれる。会ったら分かるでしょ。好々爺《こうこうや》です。おっかなくないだろ。優しいだろ」

――人を大事にする。

「そうそう。人を大事にするというか、もっと深いんだよ。人のために生きてるんだよ。大事にするというかね。他人のために生きてるんだよ。それが本当の侠客《きょうかく》だな。藤木さんはそういう人の一人ですよ」


「怖くないだろ、菅くらいのもの」

亀井氏の話は尽きない。そうこうするうちに、いきなり「名月赤城山」を歌い出した。

「♪男ごころに男が惚《ほ》れて～。人生意気に感じるんだよ。意気に感じる」

江戸時代の俠客、国定忠治が天保の飢饉に苦しむ民衆を救うため、権力者である代官に刃を向けた、その反骨の精神をうかがわせる歌だ。

亀井氏の歌はだみ声で、節だけで味わい深い。

――藤木さんは、菅総理の足元で反旗を翻すようなことをしているが。

「怖くないだろ、菅くらいのもの。菅の世話になんかなってないから、あの人。逆に菅が元子分だから。昔はそうでも、今俺は子分じゃねえと菅が言ったって、昔の関係は消しゴムで消せないんだよ。消そうと思ったって。この世の中、義理と人情を除いたら、何も残らない。藤木さんは人格者だから表には出さないよ」

亀井氏は、こんなエピソードを明かした。菅氏が市会議員から衆議院議員に出馬する際に、藤木さんから支援を頼まれたという。

「藤木さんが可愛《かわい》がって育てたのが、今の菅総理。俺に頼む、自分の子分だから応援してやってくれと。俺は菅なんか知らないんだから。藤木さんに頼まれたから、わざわざ横浜くんだりまで行って、菅を連れて選挙運動で回ってやったの。俺は何の義理もない」

「菅さんと小此木《おこのぎ》八郎さんは別格」

昭和一〇年生まれで、自民党員歴六〇年超。神奈川で藤木さんの次に自民党員歴が長いと自負する元横浜市議会議長の藤代耕一氏は、「菅さんと小此木八郎さんは別格だった」と言う。

藤木さんは、地元で元建設大臣の小此木彦三郎氏を政界に送り出してきた。藤木さんの父親の代からのつながりだ。その小此木彦三郎氏の息子が、後に横浜市長選に出馬することになる小此木八郎衆議院議員。そして小此木彦三郎氏の秘書を一一年間務めたのが菅義偉氏だ。三人は一体だったという。藤代氏はこう説明する。

「藤木さんは小此木彦三郎さんから始まって、八郎さんの選挙、菅さんの選挙をやってきているわけです。藤木さんのところには、いろんな国会議員が来るけれども、菅さんと小此木八郎さんだけは、誰でもみんな認めているくらいその関係は別格な扱いですよね。アポなしでどんどん行けるんだから。藤木さんが菅さんの選挙応援してる時は、徹底的に強いリーダーシップでやっていますから、誰もかなわないですよね。藤木さんはいろんな政治家の面倒を見るけど、例えば、港運協会の新年会でも、自民党だけじゃなくて、野党とか全部呼びますよ。だけれども、やっぱり菅さんがいつも代表して、挨拶してましたから」

藤木さん本人も、「菅はもう身内だから。菅さんとか何とかさんじゃなくて」と話していた。

こんなことがあったという。二〇〇〇年六月の衆議院議員総選挙。当時の森喜朗総理の「神の国」発言などもあり、都市部を中心に自民党が苦戦していた。菅氏は二期目を狙う選挙で、盤石ではない。港の幹部が菅氏苦戦との情報を寄せてきたという。

「四、五日か一週間ぐらい前だね、様子がおかしい。『会長、菅危ないですよ』って言うから、『そんなことないだろう』って言ったら、『いや、ちょっとこのままじゃまずいから、何か……』と。それで、横浜の商店街の裏に会館があって、そこで演説会をやった。藤木会長が来るぞと言うので、大勢集めてくれて、入りきれないほど聴衆が来ていた。そこで演説したり」

この時藤木さんはじめ、支援者たちは揃いのジャンパーを着ていた。作ったのは藤木さんだった。

「演説する前に忘れもしない、ジャンパー屋呼んで、ジャンパー作れと。三〇〇着か三〇〇着だか、単位忘れちゃったぐらい。いくらかかってもいいから、三日間で作れと。黄色で目立つやつで、『何て書くんだ?』『俺が書くからいいから。背中にでっかく書くから』と。それで俺が、英語でSUGAって書いた」

藤木さんが政治力を持つ最大の要因は、選挙で発揮される力だ。なぜ選挙に強いのか。その要諦を自ら解説する。

「みんな選挙の応援というと、金持って行ってやるとか、票を何票取ったよとか、そんなんじゃないの。ムード作りというか、みんながその気になる。ああ、あの人までやってんの。じゃあ俺もやるよと。馬鹿にならないんだ。こういうのは」

林市長の「実質的な後援会長」

取材で藤木さんが毎回のように口にしていたのは、「主役は横浜市民だ。俺は脇役」というフレーズだ。

地元紙の世論調査ではカジノ反対が六割を超していた（『神奈川新聞』二〇一九年七月一八日朝刊）。横浜市が市内各所で開いた住民説明会でも反対意見ばかり。

二〇一九年六月に開かれた中区役所での説明会。市民からの意見は辛らつだった。

「増収効果の裏に、市民の破産がある。市民の不幸で税収を図ることについて、市は心が痛まないのか。不思議でしょうがない。なぜ住民の立場に立って、皆さんの有能な能力を発揮してくれないのか」

横浜市に寄せられた意見は九割が反対で、そのことも市側が説明会で明らかにしていた。当時、藤木さんは「林市長に住民投票、市民投票がいいと助言している」と言っていた。反対を表明したが、あくまでも最後は市民が決めること。市民が決めたことを受け入れるのであれば、菅氏も林市長も誰も傷つけずにカジノ構想を撤回できる。そんな狙いもこの頃はあったようだ。

元横浜市議会議長の藤代耕一氏によると、藤木さんは、林市長の「実質的な後援会長」だったという。政治資金パーティーの場を設定して資金が集まるようにし、選挙では全面的にバックアップする。林市長も藤木さんのところによく足を運んでいたそうだ。

藤木さんは林市長に政財界の知人を紹介し、あらゆる相談に乗っていたと公言している。林市長も横浜港が国際コンテナ戦略港湾に選定されるにあたって尽力している。

一方で、菅官房長官も林市長の後ろ盾だった。記者会見でも「林市長は私の選挙区の市長であり、常日頃からさまざまな件で議論をさせていただいていることは事実であります」と述べていた。林市長周辺によると、「菅官房長官からよく電話がかかってくる」と細かく指示されることをぼやいていたそうだ。

ディズニーでカジノに対抗

カジノ反対の活動の場を作ると宣言してから一か月半。新たな団体「横浜港ハーバーリゾート協会」の設立総会が開かれた。会員数は約二五〇社。横浜港運協会に所属する港湾関係の企業がごっそりそのまま入っている。

場所は、いつものロイヤルホールヨコハマ「ヴェルサイユの間」。この日は、セミナー形式の座席が用意され、勉強会の仕立てだ。会員各社から幹部が一人ずつ参加し、二五〇人が一部屋に集まる。政治的な業界団体の設立総会はよくあるが、これだけの数が揃えばプレッシャーになる。

設立総会の目的は、カジノ構想への対抗案を示すことだ。

その目玉は「ディズニー」だった。国際展示場やホテルに加えて、「ディズニークルーズ」の誘致を掲げた。

ディズニークルーズは、豪華客船でミッキーやミニーなどのディズニーキャラクターと共に楽しむ船旅だ。設立総会の場では幾枚ものパネルが用意され、豪華客船の写真や、船内でディズニーステージや、キャラクターがデザインされた食事が楽しめる様子などが紹介された。

ディズニークルーズは、アメリカの他にイギリスやフランス、ノルウェーなどで行っていて、一三番目の港としてアジア圏に広げるには日本がいいとのこと。千葉や東京では水深が浅く、豪華客船の着岸ができないが、横浜港であれば可能だ。ディズニー関係者と接触し、話を聞いていると言う。ディズニーからは、カジノは子育てにふさわしくないから、実現にはカジノを作らないことを条件にしているという話も紹介された。

藤木さんにカメラを向けると、「ディズニーさんは最高だよね。だってディズニーは夢を売る。カジノには売る夢がないから。待ってるのは貧困だけだから」。ディズニーが実現できるか分からずとも、「夢」と「貧困」では、市民に訴える力が大きく違う。

横浜市が前のめりなのが「カジノ」で、港湾業界が「ディズニー」。

この頃、F1事業者も山下ふ頭の視察に来ていた。山下ふ頭は、その広さといい、眺めといい、地の利といい、カジノ事業者が一斉に褒《ほ》め称《たた》えるだけのことはある、観光産業に最高の場所だ。何もカジノでなくてもいい。選択肢を示す藤木さんの戦略だ。

これも、藤木さんがよく言っていたことだが、「反対のための反対はしない、代案なくして反対では野党になってしまう。市民運動みたいなことはやらない」。

ただ反対するだけでは世の中は共感しない。対抗軸を示す。

ミツカン出身のブレーン

ハーバーリゾート協会の総会は、その後、何度も開かれることになるが、いつも藤木さんが三〇分の予定のところを一時間近く話をし、その後に理論的な説明が行われた。それをやるのが、藤木さんの右腕となる港運協会の水上裕之常務だ。冒頭で紹介した、電話口でカジノについての考え方を丁寧に説明してくれた人物である。

この日も、カジノ事業者が出した横浜市の増収効果、年に六〇〇億円〜一四〇〇億円（翌年に八二〇億円〜一二〇〇億円に変わる）という数字が市場調査を踏まえていない、いかに根拠がない数字かを解説した上で、ディズニークルーズのプランを大画面のプロジェクターに映して、詳細な説明を行った。

水上氏の経歴は港湾業界の中では、異色だ。元は食酢の業界一位の食品企業「ミツカン」の研究職だった。博士号も持つ。ミツカンの商品開発でマーケティングにも携わり、その経験がカジノ事業者の示す経済効果の反論に生かされることになる。ミツカンのアメリカ工場を経て、川崎重工に転ずる。神戸港の物流に携わったことがきっかけで、藤木さんと出会い、横浜港運協会に移った。

藤木さんのカジノ反対を理論的な側面から支えていた。政治日程の構築から、リサーチ、説明の資料作り、プレゼンを行い、記者へのブリーフィングでも丁寧に説明し、浸透を図る。

水上氏は、藤木さんと当時こんな話をしていたそうだ。

「港湾業界が『博打』を提案して、それをお上が止めるというなら分かるが、お上がやろうというんだから。普通逆だと思いますよね。これじゃあ時代劇になりませんよね。漫画ですよね」

この後、ハーバーリゾート協会は、山下ふ頭で「ＥＸＩＬＥ」の大規模なコンサートを成功させていた。カジノがなくても集客できることを示した。

無視を決め込む横浜市

藤木さんが港湾業界二五〇社を従えてプレッシャーをかけたが、横浜市は落としどころを探るわけでもなく、水面下で立ち退き工作を加速させていた。対立が深まっていく。

もともと山下ふ頭は、横浜市が九六％を持ち、国と合わせて九九％を所有している。再開発はいずれ行われる。

横浜市港湾局の役人が、山下ふ頭の倉庫会社らを訪れ、「アンケート」と称して、移転を促していた。藤木さんのもと一枚岩で結束している港湾業界を切り崩そうというわけだ。いち早く移転に協力すれば、いい場所を提供すると囁《ささや》かれたそうだ。

「アンケート」と称した文書を見ると、「意向申し出書」と題している。移転先の希望を聞くのではなく、自ら移転を申請する形になっていた。さらに、必要な添付資料まで書き込まれていた。

添付資料としては、事業計画書、定款、商業登記簿謄本、最近三か年分の貸借対照表、損益計算書、今後三か年分の貸借対照表及び予想損益計算書、役員略歴、法人税など各種納税証明書……と続く。

申し出に応じたら移転手続きを進められてしまうことから、港湾業界は、市側に移転凍結を申し入れ、業界の幹部らには回答しないよう会員企業に徹底させた。

この件について記者会見で林文子市長に質問したが、けんもほろろだった。「引き続き港運協会に丁寧なご説明をしっかりやってほしいというふうに指示しております」と言うだけで、あとは市の職員に投げる。

ディズニーについても「他にもあるのではないかという考え方もあると思いますが、まずはIRをどうするかを決着することです」と取り合わない。

なぜカジノにこだわるのか重ねて聞いても、「こだわるというか、国が最初に示したのが、カジノが一体となったリゾートだ」と正面から答えない。

藤木さんが求めていた住民投票についてだけは、「今はやる考えはない。今後もやる予定はない」と言い切った。

藤木企業に横やりが入る

藤木さんにとっても、相手は国家権力である。権力側が本当に敵だと見れば、容赦しないだろう。自身の会社である藤木企業のビジネス本体にもこの後、横やりが入った。

港湾事業は、縦系列で決まっている。船会社―倉庫会社―荷役会社となる。藤木さんの会社は、船会社マースク―三菱倉庫―藤木企業という系列だ。

マースクはデンマークを本拠地とする世界最大規模のコンテナ船会社である。横浜港の最新鋭の南本牧ふ頭は、岸壁の深さが日本で最も深く、最大クラスのコンテナ船が着岸できる。

もともとはマースクがここに入る予定だった。ところが、突然、マースクではない船会社にできないかという指示が、国と横浜市からふ頭の運営会社に入る。

日本国内の大手船会社の日本郵船や商船三井は、東京港で手いっぱい。とても南本牧ふ頭まで手が回らない。他は中国系だ。

関係者はこう話す。

「経済合理性で決まっていたのに、いきなり『違う船会社にできないか』と指示が来た。マースクになれば荷役作業は藤木企業が行うことになる。それを外そうという意図だったと思う。調整するのはやむを得ないが、経済合理性で決まったのだから、結論は同じ。それでも、『もう一回、見直してくれ』とか『時間を稼いでくれ』といった指示が来た」

最終的に中国資本に貸し出すのはいかがなものかとなり、当初の予定通り、マースクが選ばれることになった。これが選ばれなかったら、当然、藤木企業のビジネスに大きな痛手となったはずだ。

藤木さんにこの時の心境を聞いた。

「我慢しなきゃしょうがない。殺し合うわけにはいかないし。怖くはないよ。権力を持ったやつが、権力を自分勝手に使うということはね、どの世界にもあることでしょう。役人は言われりゃしょうがないよな。人事権持ったり、予算を握っていれば、この国は偉いんだから。しょうがないよ。でも、そんなことには負けないよ」

藤木企業とマースクとの関係は古い。藤木さんの父親の時代から続いている。目障りだからと国や横浜市が権力を使ってマースクもろとも潰しに来たが、それをはねのけたという自信がにじんでいた。そんな生半可な関係ではないという思いがあったのだ。

第二章　無党派市民の怒りとドンの宣戦布告

けない。

いつも「判断していない」市長

二〇一八年にIR実施法が成立し、二〇一九年に入ると、林文子市長がいつ正式にIR誘致を表明するのかが注目されていた。国にIRの計画を申請する時期や国の評価基準などが示される時期が迫っていたからだ。具体的にカジノ事業者を選定していかなくてはいけない。

林市長は、二〇一七年の三期目を目指す市長選挙にあたって、IR誘致の「白紙」を掲げて当選している。だが、一方で調査費用の予算をつけるなど、着々と準備を進めているのは明白だった。いつか手のひらを返して、「白紙」を撤回するのではと見られていた。

毎週水曜に行われる定例の記者会見では、ほぼ毎回カジノについての質問が出る。多い時はほとんどがカジノ関連の質疑だ。だが、林市長は、どう聞かれようともいつも「判断していない」か、「白紙」の一点張りで通していた。

当時、横浜市が市内四か所で開いた住民説明会では、市の役人が、カジノ事業者が提示した横浜市の増収効果や雇用効果を説明した。それによると、税の増収は年間六〇〇億円から一四〇〇億円、雇用創出効果は、開業後の事業運営時には約一万人から約五万六〇〇〇人の見込みとした。

しかし、どこの会場でも市民からは反対の声ばかり。その場で、横浜市の担当者は、役所に寄せられた意見も九割が反対の声だったと説明している。

そんな中で、林市長が自ら前面に立って市民に説明しようという姿勢は皆無だった。

手のひら返しの白紙撤回

二〇一九年七月の定例会見でも、相変わらず「判断できてない」「白紙だ」と繰り返していた。ところが、そのわずか一か月後の八月二二日に、林市長は突如「IR白紙」を撤回、IR誘致を正式に発表した。

突然の表明に、記者からの厳しい追及が続くが、林市長はこの日だけは強気な口調でことごとく反論した。

Q　市長選の前に白紙だと言ったことは、間違った判断だったと思いませんか。

A　思わないです。事実白紙でしたから。大変恐縮ですが、裏切ったという気持ちはないです。

Q　二年前と状況が何が変わって？

A　すみません。お言葉を返すようですが、白紙にしたということは、一切やりませんということではないんですよ。

Q　丁寧な説明をしてから誘致を発表しようと考えたことはあるかどうか？

A　いや、ないですね。時間的なものから考えてもそうですね。はい。

Q　このタイミングで表明したことをどのように市民に説明するのですか。

A　大阪がとても先行していますが、やると決めたのであれば、秋の国会でさまざまなことが出てきますので、その前に手を挙げねばならないということが一番のきっかけです。

Q　市民の意見を聞くということで、住民投票を行う考えはありますか？

A　今のところは考えていません。

市庁舎に市民の怒号が響く

横浜市民の「騙《だま》された」という怒り、そのパワーは計り知れないほどの大きさだった。

会見が終了する頃から、情報を知った横浜市民が旧市庁舎の市長室前まで押し寄せていた。警備員数名が市長室に通ずるドアの前で、市民が流れ込まないように体を張ってドアを押さえる。市長室前は一寸の隙間もないおしくらまんじゅう状態で、市民の怒号は途切れることなく響いた。市庁舎の中に入れない市民は外で声を張り上げた。

これだけ反対が多い案件なのに市民に対して言葉を尽くさず、それどころか、「市民に丁寧な説明をしてから発表しようと考えたことはない」とまで言い放った。視線の先にあるのは市民ではなく、菅官房長官なのだろう。市民への誠実さや、自身の言葉への責任がまったくない。見ている方向が逆なのだ。

この頃の安倍政権は、安保法制や共謀罪法など国民が反対の声を上げても、沖縄のように県民投票で辺野古《へのこ》の埋め立て反対が過半数を占め、国政選挙で反対派が勝とうとも、無視をし続けていた。権力を持てば市民の声がどうあろうと関係ないという、安倍、菅両政権を彷彿とさせるような、傲慢さが際立つ林市長の会見だった。

これだけの市民の怒りが、林市長にも菅氏にも市議会議員にも聞こえなかったのだろうか。この声が大きな波となり、自身の足元を揺るがすまでになっていくとは想像できなかったのだろう。

ドン、市民との連携を表明する

林市長の唐突な発表の翌八月二三日、藤木さんは間髪を容《い》れずに記者会見を行った。新聞もテレビも全社集まり、前回の会見の時よりも人数が多い。会見場はいっぱいになった。

この会見の前に、港湾事業者の幹部会議があった。その場では、藤木さんに対して、あまり強く反対するのはどうかという意見も出たそうだ。藤木さんが反対で突っ張れば、港湾全体で嫌がらせを受けかねない。それを心配してのことだった。

だが、この日、藤木さんは菅官房長官を名指しはせずとも、林市長を裏で操る「ハードパワー」と称して宣戦布告をした。

「私は昨日林さんに大きく顔に泥を塗られました。泥を塗ったのは林だけども、泥を塗らせた人がいるってことは、はっきり分かってるから。俺は命を張ってでも反対するから。私は。自分でできるのはそれだけだ。あとは市民の皆さんがどうなるかってのは、また一人一人皆違う。私はハードパワーと闘うつもりでいるよ。でも、知れてるけどね。港湾人として、皆さん俺と一緒に動いてくれてる。以上です。へへへ」

記者からの「菅氏が横浜をアメリカのカジノに売り渡すことをどう考えるか」という質問にはこう答えた。

「菅さんは安倍さんの〝腰ぎんちゃく〟でしょ。安倍さんはトランプさんの腰ぎんちゃくでしょ」(「腰ぎんちゃく」が後に別の言葉に変わる)

また、これまではカジノ反対で市民運動や特定の政党とは組まないと言っていた。だがこの日、この立場を変えて、市民と連携していくことを表明した。港の自分たちと市民との両輪で闘っていくことに舵を切った第一歩だった。

どこでも弁当を出す

この日、もう一つ印象的だったのは、会見の場に「弁当」が用意されたことだ。

メディア各社の経済部記者を呼ぶ企業の催しで、自社製品を知ってもらうためにさほど値段が張らない商品を配ることはあっても、弁当というのはない。シンクタンクの経済アナリストの勉強会でランチが出ることがたまにあるが、それは懇談形式で会見ではない。

その後、取材を進めるうちに分かったのだが、藤木さんは、記者会見に限らず、どこでも弁当を用意する。港の幹部会や大勢の会合では、必ず弁当をお土産に持たせる。

戦争体験者で、食べ物が満足にない時代を生きてきた。藤木さんが小学校五年生の時に、太平洋戦争が始まった。戦争中の小学校では弁当を持って来られない子供もいた。藤木さんは著書『ミナトのせがれ』（神奈川新聞社、二〇〇四年）で、「そんなことは関係なく、みな天真爛漫《らんまん》にあるがましっかり受けとめ、親の職業や弁当の優劣を意識し威張って誰かを蔑むような子も、暮らしが貧しいからといって卑屈になるような子も、全くと言っていいほど見かけなかった」と書いている。

その時代を振り返り、こう続く。

子どもや青年の頃、手に入らなかったものは沢山ある。満たされなかった思い、それに復讐《ふくしゅう》する気落ちは誰にでもあるだろう。私の場合それが「弁当」だった。今日いろいろな会合などで外部の方をお招きする側に立ったとき、私は食事会を省いてお持ち帰りの弁当を用意することが多い。もちろん、社内の役員会は、問答無用で弁当

港湾人の思いを込めた「勝つ弁当」

である。外へ行けばいくらでも売っているのに、兎《と》に角《かく》、弁当、弁当……はい、弁当……。戦時中は弁当が貴重品だったから、飽食の時代といわれる今日、いやでも復讐心みたいな心理が働く。われながら、あの時代の自分に、仇討《かたきう》ちしているとしか思えない。

そのぐらい、食べることができるありがたさ、食べてもらいたい思い、弁当を持たせるということにこだわりがあるのだ。

会見当日の弁当は、「かつ弁当」だった。弁当を用意した担当者が、勝負に勝つという意思を込めて、と言っていた。ポートキッチンという横浜港湾福利厚生協会が作った弁当だ。藤木さんが言う、「港で働く人は、食堂のおばちゃんも皆港湾人」。港湾人の手作り弁当だ。「勝つ弁当」だと分かり、会見後、カメラマンにその場で映像を撮ってもらった。

いずれ寝返る？

藤木さんが菅氏に対して闘いを宣言したことで、翌八月二四日の官房長官会見で質問が出た。

Q　港運協会の藤木会長は、市長の背後に（菅）長官や（安倍）首相、またアメリカの意向があるという批判をしている。受け止めを。

A　あのー、言われた方に聞いてください。

菅氏は、何を言っているんだというような笑いを浮かべ、まったく取り合わない答え。これまでの二人の関係を考えれば、あまりにもそっけない。相手にしないという態度だ。

宣戦布告は今後のカジノの行方に大きく影響するであろうと、永田町や霞が関、経済界を取材すると、「藤木さんの反対は表向きの話で、いずれ菅さんやカジノと手を組むでしょ」という見方をする人がほとんどだった。

内閣のＩＲ推進本部事務局の幹部も、私が「藤木さんは会見でこれだけのことを言っていますよ、かなり手強いのでは」と言っても、「本当？　そうなの？　カジノやるんでしょ」と発言自体を信じてくれない。

いずれ妥協するが、まずは高いハードルを掲げて自分たちに有利に運ぼうとしている。あるいは、利権に食い込めないから反対しているだけで、一部でも利権を取れれば、あっさり態度を変えるだろう。大半の人たちはそう見ていた。

確かに政治の世界は何が起きるか分からないし、昨日の敵は今日の友。どこかで妥協し手を結ぶことだってあるかもしれない。それも、相手は官房長官。政権の中枢で、のちには総理大臣だ。最高権力者相手に最後まで闘える人などいるのだろうか。

藤木さんと付き合いの長い神奈川県の自民党の長老で、元参議院議員の斎藤文夫氏がまさしくこう言ったように。「普通なら潰れる、潰されるんですよ。世の中だって、あんなこと言ってるから、藤木さんに近寄るのはよそうよ、と思う人が出てくるかもしれない」。

補助金や税制、他にも許認可など、何で嫌がらせを受けるか分からない。逆に何か甘い話を持ち掛けられるかもしれない。

絶対にぶれない

やはり藤木さんと六〇年を超す付き合いの藤代耕一氏でさえ、こう思っていたという。

「官房長官、総理大臣だよ、相手。妥協すると思うんだよね。どこかで。みんなそう思ってましたよ。どこで妥協するんだ？　って。妥協してもらわないと困るから、みんな」

さらに、カジノ事業者の資金力は桁が違う。籠絡することだってあるだろうし、藤木さんに身の危険だってあるかもしれない。

一方で、政治と関係なく藤木さんと長く付き合ってきた友人たちの見方は正反対だった。彼が戦後すぐに作った野球チームのメンバーは口々に、「藤木さんというのは、口先だけでやらないから。小さい頃から、言ったら即実行。だから絶対にぶれない」と言う。

その一人は、こう話す。

「藤木さんは、お父さんが博打をやっていたということで、博打のことをよく知っているから、極力嫌うんだよね」

藤木さんは戦後、ラジオ局ＦＭヨコハマを立ち上げている。実はこの局では、消費者金融のＣＭを藤木さんの意思で流していない。このことを挙げて、「消費者金融は貧しい人を虐げていて、金のないやつが借り、取り立てが厳しい。それを知ってるからカジノにも反対。それが藤木さんの信条ですよ」と解説してくれた友人もいる。

命がけで、一人でも闘う

決意表明をした二三日の記者会見から、藤木さんの闘いは本格化した。これまでの人脈から呼ばれた集会や、自身が小此木八郎氏の父親、彦三郎氏の選挙応援の際に作った「ヨコハマともだち会」の集まりなどで、積極的にカジノ反対を訴えた。

「発信することが私のこれからの仕事です。私は命がけで、どなたも誘ってません。お願いもしません、一人でやります。死ぬ時は一人で死にます。死ぬのはやだけど。覚悟しないと人間何もできないもの」

藤木さんは、自身の人脈の講演会に行っては、カジノ批判を広げていった。雑誌や新聞のインタビューも積極的に受けた。市民団体から呼ばれた時は、港運協会の水上常務に行ってもらって、共に闘っていくというメッセージを伝えた。

「ヨコハマともだち会」メンバーでもある藤代耕一氏は、一人で反対運動をやるとは思ってもみなかった。

「林さんが藤木さんを裏切って、相談もなく賛成に行っちゃったということで、怒りでもって言ったなと軽い気持ちでいたんですよ。だけど、ともだち会に行くたびに、他のところでも会うたびに、『俺は反対だ。そういうのは許さない』と」

こうした藤木さんの動きを受けて、当然、呼応する反応も出てくる。

その一人が、建築デザイナーの村尾武洋氏だった。

在米建築デザイナーのアシスト

村尾氏は、ニューヨーク在住でカジノの設計を数多く行ってきた。カジノ側にいながら、協力を申し出たのだ。藤木さんにカジノが儲ける仕組みを教え、その後横浜市内の地域労働文化会館で記者会見を行い、それを公に明かした。強調したのは、国や市が最大の利点と掲げている地域への還元はないということだ。

村尾氏は、日本進出を狙ったシーザーズ・エンターテインメントなどアメリカ全土の名だたるカジノの設計を三〇件近くもこなしてきている。会見で開口一番、こう言った。

「僕らが（カジノを）デザインする時、そこから一歩も出ないようにデザインするわけですよ。だから街に還元なんてあり得ない。あったら僕らの負けですから。カジノをわざわざ日本に作る必要性はないということを、ただ単に伝えたくて」

村尾氏が明かしたカジノの手口は、想像はしていても、驚きの内容だった。

例えば、カジノの位置について。カジノを真ん中に置いて、そこから分岐してレストラン、ブティック、コンサートホール、ホテルのロビーと、どこからでもカジノを通るように作るそうだ。お客さんがカジノに入るように、しかも外に出ないように。自身がデザインしているので、微に入り細に入り説明が詳細だ。

負けさせるためのあの手この手

より詳しく知りたくて、ニューヨークの村尾氏の事務所を訪ねた。カジノの現場の写真をパソコン上の設計図と合わせながら話を聞いた。

ゲームをするフロアはいくつもあり、まずは五万円、一〇万円、一五万円、二〇万円く

カジノ設計者の村尾武洋氏にニューヨークで取材

らいまで賭けるゲーミングフロアの写真を見せてもらう。半円形で落ち着いた木目調のデザインのテーブルがいくつも並び、ポーカーやバカラといったカードゲームを行う。テーブルによって、賭け金の上限が違っている。

村尾氏が、設計図を見ながら、説明してくれる。

「図面で見ると分かるんですけども、ここところに入口があるんですよ。ここは一度入っちゃうと袋小路みたいなところなわけですよね」

確かに広いスペースに入口が二つだけで、あとは開かれていない。ヌードルバーもついている。

「レストランを入れてるのも、ここでやってる人たちがお腹空《なかす》いたら、すぐそこに行って食べて、また戻って来れるように。さらにカートを入れて、お客さんのところに食べ物を持って行くようにしたんです。カードをやりながら食べられるように、椅子から離れないですむように」

とにかくゲームを続けさせるためのあの手この手が仕組まれている。

「アームレストのクッションも、汗を吸い込むような素材を使ってるんです。革に見えるけど本当の革じゃなくて。窓も作らない。時間が分かると困るから。長くいればいるほど、負ける確率が高くなる」

客を引き止める策もある。

「勝ってすぐにお金を換金する人には、『ちょっと待って、ご飯代出すから』とクーポンをあげるわけです。ご飯をタダでもらえたから、『じゃあ、もう一回やろうか』と帰って来る。大きく勝った人には、『ホテル代出すから、スイートルームを出すから、明日まで泊まって行けばいいんじゃないか』とか、『また来週おいでよ』と言ってクーポンを渡す」

絶対チョンボをさせない

監視カメラの話。アメリカのカジノ事業者は、業界が依存症対策に積極的に取り組んでいて、お客さんの挙動を監視し、助言を行っているとしている。

「異常な行動を取る人を発見したら、ゲームを止めて、大丈夫かと声をかけて、食事や、睡眠、休憩を取るように勧める」（ウィン・リゾーツ　マット・マドックスCEO（当時））

村尾氏のデザインしたカジノフロアの写真を再度見る。木細工と和紙で作られた行灯《あんどん》が天井からいくつも吊《つ》り下げられている。アンティークで洒落《しゃれ》た感じだ。

「監視カメラがこの電気の中に隠してあるんです。お客さんがズルしてないかを見る。目の前に監視カメラが見えると嫌な感じじゃないですか。たくさんのカメラが隠してある。カジノ側が損をしないように。チョンボができないように」

この監視カメラの映像をモニターする部屋があって、全部チェックし、やけに勝っている客は、カメラをそこに集中させて監視するのだそうだ。

一九七〇年代のラスベガスを描いたロバート・デ・ニーロ主演の映画『カジノ』の中にも、監視のためのモニタールームが出てくるが、それをそのまま地で行っている。

ハイリミットというもっと高い金額を賭ける部屋は別にこしらえてあり、上限は一回に大体一〇〇〇万円単位で賭けるのだそうだ。

「勝ちゃいいけど。負けたらなくなっちゃうわけ。その場で『はいっ』って終わっちゃうから。大体五秒で一〇〇〇万円がなくなる。瞬殺ですよね。パチンコなら、例えば一〇〇〇万渡して『すってこい』と言ったら何日かかるか。お札で持って行けば結構な感覚だけど、コインだと、一〇〇ドルも一〇〇〇ドルも一万ドルも同じ大きさで色が違うだけだから、感覚が狂う。それでクレジットルームに行って、自分のカードでお金を借りたり、家を抵当に入れたり。どこで働いてるかを証明すれば、給料から差っ引くこともできる。で、『今年は勝てる』とか、『今日は勝てる』っていう人がやっちゃうんですよね」

子供や女性も狙うカジノ

ニューヨークから車で二時間のアトランティックシティで、実際にデザインしたカジノを案内してもらった。

日本に進出を試みたシーザーズ・エンターテインメント。村尾氏はここのカジノフロアを設計し、その予算は日本円にして一二億円だったという。外資系超高級ホテルのレストランの設計と同じぐらいの破格な額だそうだ。依頼者からは「八週間で元が取れた」と言われたとか。どれだけ儲かるんだと驚いたそうだ。

実際に、中に入ってみる。二階のロビーに行くのに、エスカレーターを上がる。二階まで吹き抜けになっていて、丸天井の壁に沿って、ギリシャ彫刻風の石像が並び、こちらを見下ろしている。天井は夜空のイメージだ。ロビーフロアに出ると、まずはスロットマシーンのエリアが目に飛び込んでくる。

「子供は、行っちゃだめって言われても見えるわけですよ。音も聞こえてくる。子供たちもそれを見ながら、『面白そうだな』とか、『そのうちにやりたいな』とか思う。今はビデオゲームみたいなスロットだったりするわけですよ。子供の目にも面白そうなことが起こってるわけですよ。外から見えるようにデザインするわけですよ。一〇年後にはその子たちが大人になってくれるわけですから」

左の先にホテルのフロントがある。そこへ行く前に、スロットマシーンエリアが見えるわけだ。村尾氏が言うように、どこに行くにもカジノが見えるか、通るようになっている。ブティックを右に見ながら、スロットマシーンのエリアに入る。ここにも仕掛けがある。

「二五セントを賭けるスロットマシーンで、一日五〇〇万円儲けない台は不良品。場所を変えたり、デザインを変えたり、違うものに交換したりとかする。二五セントが五〇〇万円儲かるって変じゃないですか。二五セント、二五円よ。二五円から五〇〇万円儲かっちゃうこと自体が変。一〇〇円のガチャガチャでさ、五〇〇万円儲からないでしょ、一日で」

村尾氏に二五セントでそんなに儲かるのか聞いたところ、二五セントは最低限の基準で、幾通りにも賭けるからそういうものだと、こともなげに答えた。

話は続く。

「もう一つ問題なのが娼婦《しょうふ》とか女の子です。例えば日本人の、アジアの女の子って世界中ですごい人気なのよ。で、カジノにはホテルがついてるでしょ。ホテルをpimp(ポン引き)、娼婦の親玉とか会社でもいいけど、そこが一〇個くらい部屋を取っちゃう。そして、そこに女の子たちを入れておくわけ。お客さんだからホテル側で文句は言えない。ちゃんと普通の値段で、お金も払ってるし。それで『女の子二人頂戴』と注文が来れば、その部屋に行かせる。ホテル側から聞かれても、『〇〇さんのところに遊びに行く』と言えば、お客さんだから文句をつけられないわけで、結局そうしたら娼婦宿になっちゃうわけ。ホテルの部屋にカメラは置けないから、お金のやりとりなんか分からないでしょ。一晩に一〇万、二〇万稼げるとなったら、地元の女の子も入っちゃいますよね。だんだんずるずるとそうなる」

アメリカでは飽和状態

だが、アトランティックシティのカジノは衰退していた。

「二〇〇四年、五年、六年の頃は、この辺もすごかったんです。週末の夜のここなんか、歩けないぐらいに人がごちゃごちゃいて。それが、全然、もう死んでるでしょ」

カジノの目抜き通りなのに、閉まっている店舗もある。一本外のショップ街は、空き店舗が連なっていた。トランプ前大統領が経営してきたカジノも軒並み潰れていた。インドの世界遺産を模した「トランプ・タージマハル」は、買収したハードロックのカジノに代わっていた。「トランプ・プラザ」も二〇二一年に解体され、そこは空き地のままだ。

村尾氏曰《いわ》く、「今、アメリカの業界内で言われているのは、アメリカのカジノは飽和状態で、華僑《かきょう》の人たちも金を賭ける額が少なくなっているから、日本人が持つ資産や預貯金を狙いたい、ということです」。

日本市場を狙うカジノ事業者の幹部は口々に、「税収が上がる。雇用が増える。莫大《ばくだい》な経済効果がある」と宣伝してきた。カジノ事業者たちのこの口上について、村尾氏はこう説明した。

「一番はじめ、市議会や何かに持ち掛けるのが、『税収が入ります、雇用が増えます、土地の値段も上がります、レストランも流行《はや》ります、商店街も活気づきます』。徐々に地元を巻き込んでいくわけですよ。で、サンプルで良い例を出す。それを何度か繰り返す。そうやってちょっとずつ、三年から五年かけて誘致の賛成を増やしていく。それが五一％になれば勝ちですから。残りの四九％の人がいくら何を言おうとカジノをオープンに持ち込む」

横浜市の説明はぼろ儲け

横浜市は事業者が提示した数字をそのまま住民説明会で使ってきた。

市がＩＲ誘致を表明した二〇一九年八月に示した数字は、年間の増収効果が八二〇億円～一二〇〇億円。二〇一八年度の法人市民税五三九億円をはるかに上回る額である。雇用創出効果は七万七〇〇〇人～一二万七〇〇〇人、経済波及効果が六三〇〇億円～一兆円。

信じられないような大きな数字が並べられた。

本来、横浜市自体が、あるいは第三者の手を借りて、事業者が示す数字が甘くないか、本当に見込めるのかを検証すべきだが、それをやってこなかった。民間企業であれば、当然、利益が出るのかマーケティング部門が検証する。

カジノ事業者が言う数字は過大だろうと疑って見ていても、市が発表することでお墨付きを与えてしまう。後述するが、その後横浜市は、公認会計士ら外部有識者による検証報告を行っている。その数字が住民説明会で示してきた数字とあまりにも違うことに愕然とする。

カジノ実施法が成立し、まずは国内最大三か所。しかし、法律の附則には、最初の認定から七年後には、カジノの上限数を見直すことができるとしている。

実施法案を作る際に、カジノの数は自民党が四から五か所を要望したが、公明党が二から三か所を主張して三か所に決まった経緯があり、この先カジノの数を増やせるよう盛り込まれた。

外資系の証券会社は、大都市に二、地方都市に一〇という数を前提として日本のマーケットを当初四兆円あると試算していた。推進派からすれば、三か所はまだ第一歩にすぎない。

将来、自分たちが住んでいる自治体が、財政が苦しいことを理由に、カジノ誘致に手を挙げるかもしれない。決して他人事《ひとごと》ではない。大手ゼネコンなどは東京都がまた手を挙げることを期待している。自治体の首長が代われば再燃しかねない。

ここにもコロナ不況が

藤木さんが闘いを宣言してから一年、状況に変化が生じた。

二〇二〇年が明けて、新型コロナウイルス感染症が日本中に広がり、四月には緊急事態宣言が出された。日本国内で初めて集団感染となりその脅威が広がったのが、二月に横浜港に停泊していた豪華客船「ダイヤモンド・プリンセス号」からだった。台湾に寄港し、そこから沖縄を経て、横浜港に来ることになっていた。

話はそれるが、この時、港運協会の水上氏から私に電話があり、船内で感染者が出たことを知らせてくれた。当時まだコロナ感染拡大の実感がなかった頃だったが、水上氏は港のビジネスに関わることから敏感に反応していた。社会部デスクに電話で一報を入れた。藤木さんを追う中でまさにコロナ騒動のはじまりに触れることになった。

緊急事態宣言が出され、外出を控えるようになり、街から人影が消えた。最初の頃は、デパートも飲食店も休業が続き、廃業に追い込まれた店も多かった。観光事業やエンターテインメント、小売り、飲食店はことごとく収益が落ち込み、世界中が新型コロナウイルスで不況に落とし込まれた。

カジノ事業者も同様だった。経営が悪化し、赤字に陥るカジノが相次ぐ。この先いつ景気が回復するか分からない。

そんな中で、日本参入を狙うカジノ事業者たちも次々と撤退し始めた。何よりも衝撃だったのは、横浜の本命と見られていたラスベガス・サンズの撤退だ。二〇二〇年一月の横浜ＩＲ展では最も派手なパフォーマンスを繰り広げていたが、五月には撤退を表明した。八月にはウィン・リゾーツが横浜事務所を閉鎖する。

一二月には政府も、コロナ禍でインバウンドが見込めないことから、自治体がＩＲ誘致の申請を行う期間を、当初の「二一年一月四日〜七月三〇日」から「二一年一〇月一日〜二二年四月二八日」へと九か月遅らせた。

また、中国企業の「５００ドットコム」から賄賂を受け取った収賄容疑で、副大臣まで務めた秋元司衆議院議員が逮捕された。こうなるともう現実的にＩＲ誘致は当面厳しくなったと見ていた。

この間、政府は、安倍総理が退陣し、菅政権になっていた。菅政権で、政府・与党は、カジノ事業者を引き留めるため新たな手段に出た。

ラスベガス・サンズ会長のアデルソン氏は、二〇二一年一月にがんで亡くなったが、生前、撤退を表明した後の二〇二〇年七月の第二次四半期業績報告会の場で、日本の制度に対して不満を漏らしていたことが分かった。

「日本政府の規制では、投資を呼び込むことなどできない。特にカジノで勝った外国人から所得税を源泉徴収する部分だ」

アデルソン氏が指摘したのは、財務省が計画していた税制だ。

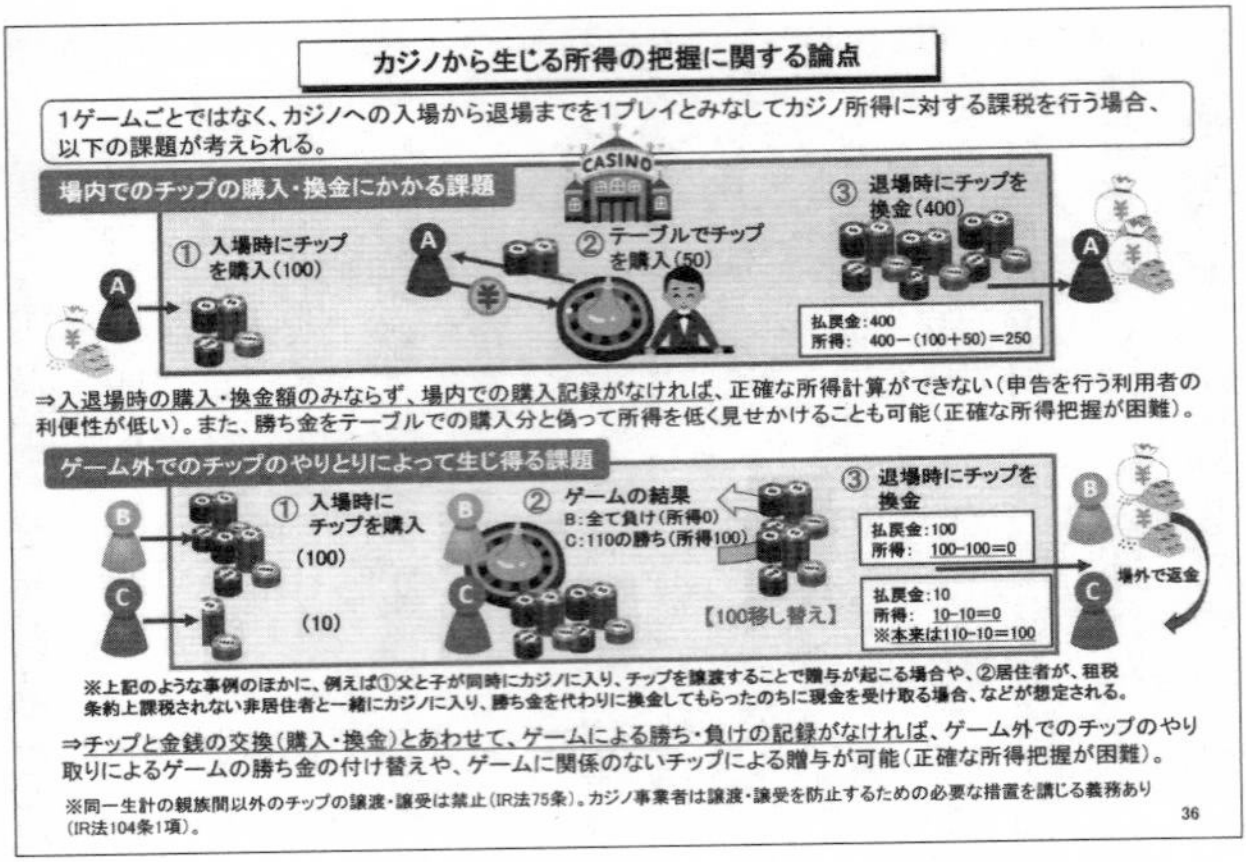

財務省資料。当初はカジノでの所得からその場で源泉徴収する方針だった

真っ当だった日本の脱税対策案

財務省は当初、マネーロンダリングや脱税を防ぐため、カジノで動いた金をＩＴによって正確に把握し、その場で税金を源泉徴収するという厳しい規制を考えていた。当時の財務省主税局はカジノについては真っ当な政策を考えていたのだ。

この時の財務省ペーパーを入手した。場内でのチップの購入記録やゲームの勝敗をすべて記録することが必要と指摘している。

まずは場内でのチップの購入記録について。入場時と退場時の差額だけでは正確な所得計算ができないとしている。

例えば、こうだ。チップの入場時の購入を100として、退場時には400に増えていたとする。そこだけ見れば、所得は300増えたことになる。だが途中、場内でのチップ購入が50とすれば、所得は「400－(100＋50)＝250」だ。ところが、極端な話、増えていた額300分を場内でのチップ購入額とすれば、所得は「400－(100＋300)＝0」となり、課税を逃れることができる。

つまり勝ち金をテーブルでの購入分と偽って、所得を低く見せかけることができるわけだ。だから、途中での購入記録を必要とするとした。

また、ゲームでの勝敗記録がないと、退場時にチップと金銭を交換する際に、ズルができるとした。

例えば、Aさんが入場時にチップを100購入し、Bさんが10購入したとする。ゲームでの結果はAさんがすべて負けて失い、Bさんは勝って110になったとする。それが把握できていれば、Aさんの所得は「0－100」でマイナスとなり、課税されない。一方で、Bさんの所得は「110－10＝100」で100に課税される。ところが、ゲームごとの勝敗を把握していなければ、ゲームの外でBさんからチップ100をAさんに移し替えれば、A

さんの所得は「100－100＝0」、Bさんは「10－10＝0」になり、それぞれ所得はゼロで課税を逃れられる。

勝敗記録がなければ、チップのやりとりによるゲームの勝ち金の付け替えや、ゲームに関係のないチップによる贈与が可能。これを防ぐために、勝敗をすべて記録するとした。

財務省主税局は、内閣のＩＲ推進本部が世界最高水準の規制にすると訴えていた言葉通りの制度を考案していたのである。この動きをアデルソン氏は不満として指摘したのだ。

「これでは外国人などとうてい呼び込めない」

さらに付け加えた。

「規制を変更するなら、我々は戻ってもいい」

外国人だけ非課税に

これを受けた格好だが、驚くことに二〇二〇年の年末の税制改正論議で、自民党税制調査会は、カジノに来る外国人の客に対しては課税しないことを決めた。日本人には、課税するとしているのに、だ。税の「公平原則」を歪《ゆが》めることになる。これを決めた時の自民党税制会長は甘利明氏である。甘利氏は、税制調査会後のぶら下がり取材で、こう話した。

「制度を作ったはいいけれども、誰も来ないというんじゃ何も意味がないと。外国人については国際標準で非課税というやり方で、いいんではないかと」

この裏で動いていたのが、官邸の和泉洋人《いずみひろと》総理補佐官だった。

和泉氏というのは、菅総理の信頼が厚かった能吏だ。安倍総理時代から内閣総理大臣補佐官を務め、IRをはじめ、新幹線や原発のインフラ輸出、武器輸出、沖縄基地問題など、主要な政策を実行するためにきめ細かく動いている。

財務省幹部によると、カジノのスケジュールがコロナで遅れていたので、二〇二〇年末の税制改正論議では決めなくてもいいと考えていた。ところが、和泉氏から直接、財務省の担当責任者に連絡があり、「来年度税制改正の中で決めろ、税の世界だけ見るな」と指示をされたという。それを受けた担当者たちは、外国人は非課税にしろという含意があると受け止めた。

結局、官邸と自民党税制調査会が一体となって財務省案に反対し、マネーロンダリングを防ぐための最高レベルの規制は幻に消えた。そこまでしてカジノを誘致したいのか。

総理を〝おさんどん〟呼ばわり

そうした中で、二〇二〇年一一月に横浜港運協会の水上常務からハーバーリゾート協会の総会があると聞き、話を聞きに行った。藤木さんは残りの人生をカジノ阻止に懸けるつもりでいるという。

この日の藤木さんは、いつにも増して力が入っていた。

「実態が独裁政治になって、表面だけが政党政治というところもある。これが日本の国です。今日ははっきり申し上げますけどね。選挙の関係でね、自民党は全員アウトですよ。私も落としますよ、自民党を。なぜならば、じゃなきゃ横浜が悪くなっちゃう」

「私も満で九〇歳になりました。もう先がそうあるわけじゃない。これでまあ、新しいご先祖チームへ私はこれから行かなきゃならない。報告できませんよ。今の姿で『言いなりになりました』ってことは。私は絶対にやらないですから、カジノは。

今、山下ふ頭の中にある港運会館。小さな会館ですけども、今考えれば、あそこに作っておいて良かったなあ。なけなしの金で立派に造った会館です。あそこへ今度はベッドを持って行って、風呂でも入れて、いつ死んでもいい男だからどうせ死ぬならあそこで死にたい。黙ってりゃ可愛がられるけど、どっこいそうはいかないです」

相変わらずの気炎を吐き、言葉もいつも通り力強い。

ただ、すでに何度か取材していたので、少し左足が不自由になったようだなと感じたのと、疲れも見えていた。その後回復したが、当時は少し体調不良だったようだ。

演説が終わると、記者たちの質問に三〇分にわたって答えた。「自民党を全員落とす」という発言の真意を聞いた。藤木さんは、世襲制で議員の質が劣化している話をひとくだりしてから、菅総理について触れた。

「菅みたいにね、秘書と言うけど秘書なんていうものじゃないの。私は小此木彦三郎事務所に入った時から知っているから。俺が小此木彦三郎に『おい、彦さん飯食おう』と。『じゃあ何が食べたい?』『守茂の天丼食べたい』『取っとくから』『じゃあ行くよ』。お昼ご飯食べに行くでしょ。それを持って来るのが菅だったんだから、自転車で。

秘書ってそういうものですよ。辰巳《たつみ》柳太郎のところに行くと、新国劇の。緒形拳《けん》だとか大山克巳《かつみ》だとか、ああいう連中が、『鰻持って来い』と言うと、『はいっ』と浴衣はしょって、ダーッと行って買ってくるんだ。

秘書じゃないんだね。〝おさんどん〟なんだね。だから悔しい思いしてるのよ。その子供は何の頭もない。ただその家に生まれたからみんなちやほやして。自分の力で、って言ったら、本当に菅なんか自分の力でだよ。そういうのを我慢してきたんだから。生まれたとたんに分断されてるの。世襲制度ってやつ」

菅氏が叩き上げで、自分の力で這《は》い上がったという意味で評価はしているが、カメラの前で〝おさんどん〟という表現を使ったことは強烈だった。現職の総理大臣に対して〝おさんどん〟と呼ぶのはよほどのことだろうと感じた。

この人物を記録しておきたいという思い

亀井静香氏が「藤木さんが可愛がって育ててきたのが菅総理」と言うように、市会議員の時から支援してきた間柄で親しければ、なおさら使わない言葉のはずだ。一年前の会見では〝腰ぎんちゃく〟だった。

一連のカジノ反対を通して、何があってそこまで藤木さんに言わせたのか。

菅氏への怒りと、二人の対立が決定的なものなのだと感じた。相手は政権中枢だ。翌年は横浜市長選もあり、ここが本当の勝負になるかもしれないと感じた。

この時の〝おさんどん〟という言葉、そして、この日の藤木さんの体調を見て、こうした行動を起こす人物を記録しておきたいと思った。九〇歳にして権力中枢に闘いを挑む、それも権力者側にいる保守の実力者が最高権力者に対峙《たいじ》する、そして戦争体験を語ることを通して今の時代の空気に警鐘を鳴らす。この人は何を考え、その人生とは何か。忖度が当たり前になってきた時代に勇気を与えられる。それを多くの人たちに伝えたい――。

これが、ドキュメンタリーを作ることになるきっかけだった。

安倍政権という抑圧

先述したが、藤木さんが二〇一九年五月の会見で、「言論統制まではいかないけども、一言言わなきゃいけないのに、言わねぇなと。法案はばんばん通っちゃうしね。法案通すんだか、集団強盗やってんだか、分かんないような法案の通し方してるしね」と話したように、安倍政権は何かと強引だった。国会で自民党が呼んだ参考人までが「憲法違反」と言明した集団的自衛権を一部認める安保法制や、秘密保護法、共謀罪法、そしてカジノの法制などを繰り返し強行採決し、通していた。

役人の幹部人事は、官邸直下の内閣人事局が決め、官房長官だった菅氏がにらみを利かす。これまでのように各省庁が決める人事を追認するわけではない。歯向かえば飛ばされる。霞が関は委縮していた。

自民党議員も、生き死にに直結する公認認定をもらえないことや、役職に就けないことを恐れ、政権批判を控える。異論を唱えることがなくなる。政治が忖度風土を作れば、社会全体に広がる。

弱体化するメディア

メディアへのプレッシャーもその一環だ。すでに公になっているが、二〇一四年一二月の総選挙の直前には、自民党から事細かに選挙報道に注文をつける文書が担当記者を通じて在京キー局の幹部あてに出された。そこには、出演者の発言回数、ゲスト出演者、街頭インタビューを公平中立にするよう、またテーマによって特定政党の出演者に意見が集中しないように、などとしている。

それまで紙での要請文書といえば、少数政党からの「選挙は同じ土俵で戦うのだから大きな政党と差をつけないように」、という主旨のものはあった。しかし私が知る限り、自民党は裏で横やりを入れてくることはあっても、大っぴらに記録に残る文書で示すことはなかった。

放送番組は、放送法第三条の「編集の自由」が認められている。憲法二一条に基づく「表現の自由」に抵触しかねないような行為はさすがに自民党も控えてきた。

政権が放送に対して、圧力をかけることはどこの国でもある。それを放送局側が突っぱねることができるかどうか。

この文書での申し入れはごくごく一部の事例だが、こうした制約を課そうとする細かな行為が積み重なり、メディア側が弱体化してきた。

この時代背景の中で、藤木さんと権力中枢の菅氏との闘いは、まさしく仁義なき闘いになる。ドキュメンタリーのタイトルは「ハマのドン〝仁義なき闘い〟」だ。

ドキュメンタリー制作へ

テレビ朝日には、毎週土曜の午前四時五〇分から始まる「テレメンタリー」というドキュメンタリー番組がある。テレビ朝日系列の二四局が企画を出し合い、放送している。

そこで取り上げられるためには、二四局の各プロデューサーが一堂に会する企画会議を通ることが必要だ。会議は一か月に一度開かれている。その場に、各局の提案者が出席し、企画書をもとに自らプレゼンを行う。各局のプロデューサーから厳しい質問をあびせられ、その上で採用の可否が決まる。プロデューサー陣は報道のベテランディレクターたちが揃うので、容赦がない。真剣勝負の場で、企画がつまらなければ通らない。

他局でいえば、日本テレビ系列の「NNNドキュメント」、TBS系列の「解放区」、フジテレビ系列の「ザ・ノンフィクション」と並ぶドキュメンタリー番組だ。

この時、私の所属は報道局ではなかったが、上司に相談したところ、経済部時代に追っかけてきたテーマということで、応募を認めてもらった。ただ、応募はできても、テレビ朝日で独断には決められないし、そこで選ばれなければ企画は通らない。

藤木さんのこれまでの行動を考えると、翌年の横浜市長選がカジノ誘致をかけた決戦の場になる。市民の反対の世論が高いとはいえ、菅総理のお膝元であり、この闘いが仁義なきものになることは予想された。ただ、ここでカジノ阻止を成し遂げれば、市民の手によって国の政策判断を覆すという画期的なものになる。

そんな思いで、企画書を書き、「おさんどん」発言の翌月の一二月に「テレメンタリー」に提案した。

一方で、藤木さんが取材に応じるかはもちろん分からない。企画が通っても、映像がどれくらい撮れるかはまったく見通しもない。でも、企画を出さないことには始まらない。

企画書には、先の見えぬまま、「密着を予定」と書いて応募した。

それまでに「ハマのドン」を何度もニュースで取り上げ、特集も作っていたので、映像のストックは多少ある。そもそも藤木さんは当時九〇歳にして、言葉に力があり、権力者に真正面から立ち向かう姿勢には圧倒されるものがある。また「ドン」と言われるその背後には何があるのか、なぜ歯向かうのかと、興味も関心も高い。

企画会議での「ハマのドン」に対する関心は高く、これまでに出稿したニュースを見てくれていた系列局のプロデューサーもいて、企画は通った。

もともとは、市長選に向けてカジノ阻止を掲げて闘う姿を描こうと考えていた。ところが、その後に行われる衆議院総選挙や市長選に報道が影響することが懸念され、放送時期は選挙後にするよう厳命が下った。

この結果、市長選の結末まで追いかけることになる。

「民教協スペシャル」に応募

テレメンタリーは三〇分番組だが、ちょうどその時期に、民間放送教育協会、略称「民教協」が年に一回放送する六〇分のドキュメンタリー番組「民教協スペシャル」の募集が始まっていた。テレビ朝日で放送するドキュメンタリーで六〇分番組というのは他にない。制作者にとっては魅力的だ。ここにも応募した。

民教協は、事務局がテレビ朝日にあるのだが、全国三三の民放局が加盟している公益財団法人で、一週間に一回、三〇分の教育ドキュメンタリー番組を加盟局で放送している。テレビ朝日系列よりも加盟局数が多い。さらに、テレビ朝日系列は三局しか入っておらず、

ＴＢＳ系列が一六局、日本テレビ系列が一二局、フジテレビ系列が二局という構成だ。

このため、選考ではＴＢＳや日本テレビ系列のドキュメンタリーに強い局と競うことになり、競争が厳しい。というのは後々気づくのだが……。

私はこれまで政治部、経済部で取材記者として、一番長かったのは「報道ステーション」でディレクターやプロデューサーとして、ニュースを扱ってきた。番組の中で特集はよく作ったが、ドキュメンタリー制作の経験は多くなく、その世界になじみがなかった。

民教協の審査に出て分かったのだが、ドキュメンタリーの分野にはドキュメンタリー村というか、系列を超えて各局の優秀なドキュメンタリストたちがいて、お互いを知っている者同士が揃っていた。それぞれが骨のある作品を作っていることを、後になって知った。

民教協スペシャルの選考では、まず企画書の書面での審査がある。審査員は、先日、大変残念ながら亡くなられた崔《さい》洋一監督、森達也監督、作家の星野博美氏だ。その書面審査を経て、残る企画は六本となった。

「青年の主張」を作る

そこから二次審査がある。二次審査では、再度詳細な企画書を作り、自らプレゼンを行う。ただこの時は、コロナ禍でオンラインとなり、作り手の意図が伝わりづらいということで、七分間のＶＴＲを合わせて提出するよう課題が出された。

七分間といえば予告編だろうと思い、すでにある素材から作るべく準備を始めたのだが、それでいいかどうか、一応事務局に聞きに行った。

すると、民教協スペシャルのプロデューサーが、何を伝えたいのか自分の言葉で語るのがいいと言う。応募者の中には、フリップを持ったり、ブツ見せ（実際にものを見せるという業界用語）して話をするディレクターもいたりすると。

こちらにはせっかく「ハマのドン」の映像があるのに、それでは「青年の主張」か「政見放送」のようだ。審査でそんなＶＴＲを提出するのは聞いたことがないので、「それって、ワンショットで自分が話すってことですか？　青年の主張みたいに」と何度も繰り返して確かめたが、「そうそう」という答え。コロナ禍で前年から始めたことで、うちの局には経験者もおらず、どうしたものか分からない。

半信半疑だったが、番組時代の後輩に頼んで、「青年の主張」を撮影してもらう。藤木さんの人物紹介をするところでは、先方からお借りした戦後の勉強会ノートも掲げながらだ。

一人でただ喋《しゃべ》っているだけの七分間のVTR。こんなので本当にいいのかなと思っていたら、やはり他の提案者は皆予告のVTRを作っているではないか。話が違うと思っても後の祭りだ。

二次審査は、くじ引きでたまたま最後になった。

他局のベテランディレクターのプレゼンに質問が行く際に、「あの映像はいつもの撮り方じゃないよね」と森監督が評している。

ただ、「青年の主張」は珍しかったらしく、崔監督に「こういうVTRは久しぶりだ。ディレクターの伝えたいことが伝わってきた。企画も面白い」と言われた。森監督からは「結果がどうなるか分からないが、どうなるか分からなくてわくわくする。それこそドキュメンタリーの醍醐味《だいごみ》だ」、作家の星野氏からは「一番見てみたい作品」と言ってもらった。

結果、「ハマのドン」が選ばれた。あの「青年の主張」も悪くはなかったらしい。最後に、森監督から、「一年間楽しんで作ったらいい」と言われた。

楽しむどころか、取材も結果もすべてがどうなるか見通せず、気が休まることがない制作が始まった。

一九万三一九三筆の署名

二〇二〇年に入り、カジノに反対する市民たちの動きは広がりを見せていた。コロナ感染拡大の影響で開始は九月に遅れたが、カジノ誘致の賛否を問う住民投票条例を求める署名を、請求に必要な数の三倍を超える一九万三一九三筆も集めていた。

横浜市内の各地区の街角に机を置いて呼び掛けたり、一軒一軒を訪ね歩いたりして署名を集める市民も多くいた。一人で一〇〇〇人もの署名を集める市民もいたそうだ。

共産党や立憲民主党の市議らが主導していたほか、無党派の市民たちも動いていた。後に出てくる田崎政子氏もその一人だ。主婦で、こうした活動は初めて。立憲民主党が呼び掛けたウェブサイトを見て、まずは集まりに足を運んでみたことがきっかけだったという。そこで、自分と同じく無党派の人たちの仲間ができ、一緒になってほぼ毎日街頭に立って署名を集めたそうだ。

住民投票条例を求める署名には、氏名の他に、住所や生年月日、押印も必要だ。個人情報を公にするので、選挙投票よりもはるかにハードルが高い。特に生年月日を書き込むところで嫌がる人、署名したいけれど家族が市の職員だからできないと言う人、また、特殊詐欺に使われるのではないかと警戒して署名を躊躇《ちゅうちょ》する高齢者も多くいたそうだ。「だから、この一九万人の後ろには、もっと多くの人がいた」と署名を集めた市民の一人が実感を語っていた。

その署名が横浜市に提出された翌一二月、林文子市長は会見で「市民の皆様がＩＲの実現について大変関心があることと、心配なさっていることの表れと認識している」と殊勝なコメントを出した。条例案を提出する際につける市長の意見では、賛否の意見はつけないとしていた。

ところが、実際に議会に提出した市長の意見は、頭から住民投票を否定する内容となっていた。「様々な手続きがある中で、住民投票を実施することには意義を見出しがたい」。自身の発言を忘れたかのような対応も、後ろ盾があるという自信からなのか、後ろ盾からそう指示されたからなのか。いずれにしても、民意は無視され続ける。

年が明けて二〇二一年一月八日、横浜市議会はわずか三日間の審議で、最大会派の自民党・無所属の会と公明党が反対し、住民投票条例案を否決した。

極秘の選対会議

市民の意見は突っぱねられ、翌年の市長選がカジノ構想の成否を決める場となった。

これは大きな勝負になる。

藤木さんも即座に動いた。

二月に、市長選に向けた選対会議があるという話を周辺から聞く。候補者の選定は、選挙の最も重要な場面だ。市長選に向けた藤木さんの闘いを描くには、必要不可欠な映像だ。

とは言っても、当事者からすれば候補者の情報は絶対に漏れてはいけない。

カメラを入れることで表向きの話だけになってしまうにしても、機微に触れる場面であることは間違いない。放送は八月の市長選の後であり、映像は過去の出来事になる。その主旨を伝え、取材にこぎつけた。

二月二二日、港運会館の会長室。市長選に向けて集まったのは、立憲民主党の江田憲司衆議院議員、民主党政権時代に野田佳彦総理のもとで官房副長官を務めた斎藤勁《つよし》氏、立憲民主党の横浜市議の花上《はなうえ》喜代志氏、住民投票条例の署名集めで市民団体の代表を務めた小林節弁護士たちだ。カジノ反対で住民投票条例の署名集めのために先頭に立って行動してきた面々だ。

藤木さんは、「市長選挙は絶対に勝たなきゃだめだ。負けたら俺は責任を取って死ぬから、どっちみち俺はいなくなるからということで、来年の正月は私いませんから、今年は一生懸命やる」と宣言した。

この日は、実は江田議員本人に、市長選への出馬を促す目的があった。

江田氏は横浜の青葉区を中心に選挙が強く、国会での鋭い追及などで知名度も高い。集票力がある。江田氏が出れば勝てるのは間違いないということで、その場に集まった面々が口説いた。

ただ、藤木さんは、国会議員から市長になることを江田氏が必ずしも良しとしないのではないかと、慎重な言い回しで意向を探っていた。そして、藤木さんが考えた通り、江田氏が難色を示し、この案はとん挫する。

市長候補が見つからない

再度、藤木さんと江田氏が会って話し合ったが、候補者が決まらない。カジノに対する市民の反対が強い地合いがあるとは言え、相手は、自民党が推し菅総理が後ろ盾となることが予想される候補だ。先の選対会議では小林弁護士が「相手は最高権力者だから何でもやってくる」と言っていた。そんな相手に対して、候補者がなかなか見つからない。

一方、自民党側も、候補者の擁立は難航していた。

林市長は四期目をやりたかったようだが、これまで林氏を支援してきた菅氏は見切りをつけていた。「誘致白紙」の撤回で市民からの信用が地に落ちている中で、自民党側は林市長は勝てる候補ではないと見ていた。

知名度があって人気のある候補者として、自民党が探ったのが、三原じゅん子参議院議員や、タリーズコーヒージャパンの創業者でみんなの党の参議院議員だった松田公太氏。だが、自民党が世論調査を行ったところ、数字が芳しくなく、その二人の名前も消えた。

両陣営の神経戦が続く。

三月、四月と時間が経《た》つが、どちらも決まらない。

藤木さんも、この状況に「最後誰もいなければ俺が出るって言ってんだ。あと四年くらい生きられるからね。いや、本当に。選挙中に死んだら票になるから」と冗談とも本気ともつかないことを言っていた。候補者選定を託した江田議員たちにも、そう言っていたそうだ。

藤木さんは、これまでも政治への誘いは多かった。講演で演説すればいつも会場が沸き、人脈も広い。擁立が進まないことに発破をかける意味合いだったのだろうが、半分本気ではないかと思うぐらい、候補者が決まらなかった。

第三章　藤木幸夫とは何者か？

生き方としての藤木さん

藤木さんという人を知るための取材も始める。

インタビューで聞きたいことは山ほどある。

カジノの反対は、政権に盾突くことだ。それも、藤木さんは権力側にいた人物だ。なおさら返り血も浴びる。

にもかかわらず、何がそうさせるのか、その胆力はどこから来るのか。

藤木さんの父親の代から港湾を束ねてきた生い立ち、港湾とヤクザとの関係……、実際はどうなのか。それは戦前戦後の裏面史でもある。戦争体験と戦後作った野球チームの話、また類いまれなる読書家であり、知識人である側面。保守人脈、政治家とのつながり……。

すべては難しくても、闘う人物の背景と矜持《きょうじ》を描きたい。それは、今の閉塞した社会の壁を破る勇気を与えてくれるかもしれない。

メディアの現場には、今も社会と向き合う気概を持つ人も少なくないが、全体として権力と闘う姿勢が薄れてきている。忖度してペンの先を弱めたり、遠慮したり、放送するのをやめたり。もっと問題なのは思考停止に陥ると、自らの忖度さえも気づかないことだ。それが当たり前になってしまう。再度原点に立って思考するメディアの人たちの数を増やしていくしかない。霞が関の官僚たちもそうだ。

藤木さんが、後に、神奈川大学の講義で大学生たちを前に話した言葉がある。

「一つどうしても言いたいのは、日本人は団結というのが必要だけど、強い人に向かわないね。強い人に向かう癖をつけないと。これからは日本はダメになると思います」

そもそも取材を始めた時には、市長選で勝てるかどうか視界不良の状況だった。まったく見通しが立たない。それこそ相手は最高権力者だ。藤木さんが一敗地に塗《まみ》れることもあるだろう。

勝った負けたではない、人の生き方として描きたい。

ただ、心配したのは、権力者と手を握ることだ。政治の世界は昨日の敵は今日の友。何があってもおかしくない。が、そこが崩れると番組の企画が根底から崩れる。その時はまたその時に考えるしかないのだが。

客人が途絶えない会長室

コロナ禍だったので、藤木さんの取材は制限されていた。それでも、会長室に足を運ぶ人たちの姿が後を絶たない。千客万来だ。

藤木さんは、横浜港運協会のトップだけでなく、港湾荷役事業ほかを展開する藤木企業の会長で、横浜エフエムを立ち上げ今も会長。また横浜スタジアムの元会長だ。地域の警察と一緒に治安を守る「警察官友の会」では、神奈川県全域の会長を三〇年近くも務めている。

神奈川県は野球が強く盛んだ。横浜高校や東海大相模《さがみ》など強豪校が並ぶ。藤木さんは、自身が早稲田大学野球部のキャッチャーとして活躍した。野球愛は格別で、サッカーの悪口を冗談でよく口にする。神奈川県の野球協議会会長でもある。

港の幹部はもとより、国会議員や県会議員、市会議員、霞が関や横浜市役所の幹部、経済人、プロ野球選手ら、あらゆる業種の人たちが挨拶や相談に来る。

藤木さんの会長室は、自民党の幹事長室や政調会長室のようだ。それよりオープンで明るいが。政治の動き、行政の動き、海外の動きまで、生の情報が入ってくるだろう。インタビューの最中にも、多くの人が訪ねてきた。たいてい藤木さんが一人で喋り、場を盛り上げている。

自ら出かけることもよくある。神奈川県警、税関、大学、学会などコロナ禍でも足を運んで、壇上で一分たりとも座らずに話をする。

九〇歳を超えてこれだけのフットワーク。政治家以上だ。その都度、聴衆に合わせた話を展開して、飽きさせない。相変わらず笑いを取っている。

人を惹きつける人間力というものが分かる。選挙に強いのも頷《うなず》ける。

港の先輩たちが言いたいこと

港に生きる者としての原点は何か。

藤木さんは亡くなった父親や港の先人たちの苦労についてよく口にする。林市長がカジノ誘致を発表した二〇一九年八月二二日の翌日、「俺は命を張ってでも反対するから」と菅官房長官への闘いを宣言したが、その会見でも強い口調で引き合いに出している。

「港の先輩たちが、この地で汗を流し血を流し死んでいった人がいっぱいいる。その方々は何か言いたいんだろうと思うんです。死んだ人は喋るんです。生きている人の口を使って喋るんです。死んだ人は黙ってないんです。私がお喋りして話していても、何か私の死んだ親父が言わしてるな、私のお世話になった港の先輩、仕事を教えてくれたあの親方が言ってるなというような、おかしな、ふと感じる時があります。『横浜の将来をちゃんとしろ。博打場は作るんじゃないよ。博打場は止めろよ』ということを言わされるような気がします」

この会見をテレビで見た東京工業大学の中島岳志《たけし》教授は、藤木さんの闘いを「死者との共闘」と評した。

以下、中島氏の記述を引用する（『週刊金曜日』二〇一九年一一月一日号）。

死者たちは歴史の中で手痛い失敗を繰り返してきた。その経験に基づいて、権力の暴走を抑止するルールを定めてきた蓄積が憲法である。憲法の主体は、死者である。生きている人間の多数決を、最終的な意思決定とする民主主義に対して、死者による歯止めを重視するのが立憲主義である。民主主義には、死者が介在しなければならない。

藤木氏はその視点を持っているとして、「死者から背中を押されながら、カジノ建設にNOを突き付けている。死者の隣在を強く意識しながら生きている」と中島氏は分析している。

港湾の実像と虚像

藤木さんの著書『ミナトのせがれ』は自伝だが、父親の藤木幸太郎氏の半生から始まる。生い立ち、沖仲士として苦難をいくつも乗り越え、親方となり、組の看板を掲げるまでの父親を描いている。仕事にありつけずに何度も自殺を図ろうとしたことや、手を差し伸べる人がいたこと、また弱い者を助けるその精神が綴られている。

当時の港では、博打は日常で、父親も博打打ちだった。が、その後、港から博打を断ち切っている。幸太郎氏は、全国の港湾事業者を取りまとめるまでに昇りつめ、山口組三代目組長の田岡一雄氏との交流があったことも記述されている。

今は暴力団対策法で反社会的勢力とつながりがあることは違法とされ、また、コンプライアンスが厳しい。そうした中で幸太郎氏の時代状況を今の社会が理解するのはなかなか難しい。だが、父親ら先人たちを背負う藤木さんを描く上で、港と博打、ヤクザとの関係を見つめ直すことは避けて通れない。

藤木さん自身がさまざまな場所で、「港は誤解されている」と話す。

「港というのは、実像と虚像が違いすぎる。作られすぎてる。映画を見れば、刺青《いれずみ》だの、ピストルだの、ヤクザだの、麻薬だの、虚像でいまだに満ちてるけど、コンテナ港湾のギネスブックでは、効率性のランキングでトップが横浜港だ。我々の先輩たちが、彼らがそういう港にしてくれたんです」

港湾とヤクザ。それは昔の話で、今は港湾荷役を一つの産業に育てたという自負がある。

「港はヤクザもいないし、プー太郎もいないし、皆技術者になりました」

だが、経団連に殴り込みに行ったという逸話の背景も、霞が関や永田町が藤木さんの行動を半信半疑だったりするのも、藤木さんの言う「誤解」の根強さがベースにある。先人たちが背負ってきた時代背景を受け止め、それが今の行動につながっているのだろう。

ある時、藤木さんが一〇名ほどの港湾の幹部たちを前に言い切った言葉にも表れている。

「先祖がね、おじいちゃんの代とか、何とかの代とかに、足を洗った人はいっぱいいるんだ。ね、その時代に。だから、俺たちはそれを復活させないの」

この時のシーンは強く印象に残り、ぜひとも番組に生かしたいと思った。ただ、それだけでは港が辿《たど》って来た時代を描くことはできない。藤木さんの行動背景を伝える。どう映像化するか。

写真の中の山口組と住吉一家

藤木さんの会長室は、秘書室からつながっている。その秘書室の壁に白黒の集合写真が額に入ってかけられている。黒ずくめの背広姿の男たち総勢一〇〇人近くが、港を背にしてこちらを見上げている。ある時その写真を指さして、藤木さんが自ら解説し始めた。

「これはすごいよ。これ。藤木幸太郎。田岡一雄」

最前列中央に父親の藤木幸太郎氏。その左横に並ぶのが、山口組三代目組長、田岡一雄

最前列中央の眼鏡の人物が藤木幸太郎氏。藤木を挟み左が田岡一雄氏、右が阿部重作氏

氏だ。一九六二年に藤木さんの父親幸太郎氏が藍綬褒章を受章した時の祝賀会。

場所は、山下公園のすぐそばの今は閉鎖されたシルクホテルだ。一九八二年まで現在のシルクセンターの上階にあり、ホテルニューグランドと並び称されたという。その庭に、全国の港湾幹部たちが一堂に会した写真だった。藤木幸太郎氏は全国の港湾事業者のトップだ。

写真の登場人物はそれだけでは終わらない。右横の人物を指して、「こっちは、阿部重作。住吉会の会長」。今の時代では理解しがたいが、山口組の組長と住吉一家の元総長が横一列に並ぶ。

「一緒にいるんだよ。仲いいんだよ。喧嘩してるのは下っ端だもの、いつも。親分同士は、喧嘩しないもの」

貴重な歴史の一場面だ。この一枚から、港の背景を紐解《ひもと》くことができる。

カメラを回して再度聞いた。カメラがあろうと話は変わらない。余談だが、組組織の行動原理にまで解説は及んだ。

「景気のいい時には喧嘩が多いの。景気が悪くなると喧嘩しないの。何でか分かる？　喧嘩になると懲役に行くから。懲役に行くと（家族の）面倒見る金がないから。喧嘩するなよ、喧嘩するなよということは、懲役に行くやつ出すなよということなの。景気がいい時は、お前の女房を死ぬまで面倒を見てやるから、堂々とやってこい、と命令が出せるんだ」

「住吉会は東京都の予算と一緒で金があるんだよ。だから役員何人置いたって全然、固定資産税がばんばん入って来るから。他のヤクザよりぴんぴんしてるから違うんだろうね」

山口組を起こした山口春吉氏は、神戸港の荷役から始まり、労働者たちを束ねる組を持つ。沖仲士の仕事は過酷で、集まってくるのは荒くれ者たち。喧嘩も絶えない。その中で親分子分の関係ができてくる。住吉一家の阿部重作氏も港の荷役から始まっている。

ミナトのおやじ

藤木幸太郎氏と田岡一雄氏。その関係は、神戸で港湾事業を行っていた田岡氏が、幸太郎氏に荷役の仕事を教わりに来たつながりだ。

著書『ミナトのせがれ』にも、白土秀次著『ミナトのおやじ　藤木幸太郎伝』（藤木企業、一九七八年）にも、二人が港の仕事を通じて親交が厚かったことが言及されている。『ミナトのせがれ』にこうある。

戦後間もない昭和二三年の秋、山口組三代目の田岡一雄氏が私の親父を訪ねて来て、「船内荷役業について指導を受けたい」と言った。（略）「港には組員を一切寄せ付けない方針です。どうか仕込んでください」。

著書によると、幸太郎氏は熱心に指導したという。

親父は、「山口組の組員は一切近づけない」と約束した田岡のおじさんの言葉を信じたわけだが、大局的に言えばおそらく苦渋の決断だったろう。親父は「もう一人の田岡一雄」を受《う》け容《い》れたつもりでも、世間は田岡のおじさんを「山口組三代目」としてしか見ない。

港で博打が行われていた時代についても公然と話す。

外国特派員協会の会見の席でのこと。藤木さんは、海外の記者に対してこんなエピソードを紹介した。

「国土交通大臣になった前原さんが、私の部屋へすぐに来ました。横浜へ。その時に、彼が『ちょっと二人きりでお話をしたい』って言うんで、一日いたわけですけど、話をした。もじもじ、もじもじしてね。『何か聞いても怒りませんか』と言うんだ。怒りませんよと。聞いてください。あなたは大臣になったんだから、港のことは全部知ってなきゃいけない。『本当に怒らないですか』『怒らない』。何かと言うと、『港で働く人とこういう人とはどういう関係ですか』と。つまり、港とヤクザとはどういう関係かということを私にストレートで聞きたかったんですね」

民主党政権時代。国土交通大臣だった前原誠司氏が、「国際コンテナ戦略港湾」の選定にあたって、横浜港を視察した時の話だ。当時、日本の港はアジアのハブ港として釜山《プサン》港や上海《シャンハイ》港などに出遅れたことから、国際競争力を高めようと、整備強化する港の選定が行われていた。

港の博打、ヤクザの賭博

前原さんに聞かれた時にどう答えたのか、インタビューで聞いた。

「結局ヤクザもんと一緒に思ってたんだね。前原さんに、『あんた、よく聞いたね。偉いよ。男の集団というのはね、必ず共通の娯楽があると。これが丁半なんだと。だって、みんな新聞読むわけじゃない。テレビなんかあるわけじゃない。娯楽はお椀《わん》とサイコロなんだと。じゃないと人が集まらないんだと。固いこと言ってたんじゃ。そのかわりプロは入れてないんです』と。『今は博打をやったらその場でクビ。当時は絶対なしと言ったら、人が来なくなっちゃうんだから』。そんな話をしたもんだから、前原さんは、『分かりました』と」

この場に同席していた関係者に取材した。その人は、前原氏が藤木さんに失礼なことを聞いたのではないかと内心焦ったそうだが、藤木さんがその問いに真正面から答えたことにいたく感心していた。

港の博打とヤクザの賭博。藤木さんの父親の時代、港には仕事を求めて多くの人が集まってきた。

「港湾労働者だから日雇いもいるし、半分ヤクザで刺青してるのもいるし。『てめえ、この野郎』と喧嘩もしょっちゅうだった」

危険と隣り合わせの現場で、雨が降れば仕事にあぶれる不安定な生活。そんな中で、楽しみといえば、稼いだ日銭で遊ぶ、博打だった。

「皆、出目をかけて遊んでるの。賃金だね。たまたま港で始まっただけのことでね。そこにヤクザのいわゆる賭博師が入って来て寺銭を取るようになって、ヤクザは成立したんだよね。縄張りってやつを作って」

田岡一雄に足を洗うよう働きかけた

幸太郎氏は博打を断ち切り、ヤクザとも縁を切った。

「うちの親父はすっかり博打の、いわゆる任侠道の人とは縁を切って、港湾運送一本にっていう、そういう人生の大きな転機があったんだよ」

そして、港の仕事にヤクザを入れないようにした。荷役をやりたいというヤクザには足を洗わせたという。

「みんな子供ができるんですよ。子供が幼稚園とか小学校に行くんだよ。そうするとね、書類出さないといけない。父親の職業を書かないといけない。無職って書けないんだよ。何々会社勤務って書きたいわけ。会社員って書きたいわけ。そこで堅気になるのが多かったね。ただ、刑務所を出たばかりの人たちを何とかしないといかんと。何か不便なことがあったら何でも聞いてやる、もちろん、仕事を探してやる。受刑者が幅を利かせるなんていうのは、映画ではあるけど、現実にはないんだよね」

幸太郎氏は、田岡一雄氏にもヤクザの道から足を洗うよう働きかけていたという。

「田岡にいつまでも山口組をやらせちゃいけないと。もう引退させようと。『田岡、お前理事長やれ』と。山口組は×《バツ》だから。うちの親父の頭はそれしかないからね。そんなことありましたよ。それで、三日もしないうちに田岡さんが来たよ、親父のところへ。これ誰も知らないけどね。『田岡一雄としては私のために旅に出てるのが百何人います。それが帰って来たら』。帰って来るわけないよ。無期懲役もいるんだからな。こんな話はまずいね。でも本当の話なんだよ」

開けっ広げにする理由

藤木さんの話を聞いていると、政財界のフィクサーとされた児玉誉士夫《よしお》氏や稲川会の話などが当たり前のごとく出てくる。父親を通したつながりで、戦後の裏面史に登場する人物たちと交差する。

横浜の港湾が背負ってきた時代の背景と経験が、藤木さんの力になっているのは間違いない。ただ、それは自身や港湾への誤解も生む。誤解を解消するために、開けっ広げに話をするのだろう。

先述の神奈川大学の講義を終えて、後日学生と対談した場では、こんな笑い話にしていた。

「政治家の会合で話をした時に帰ろうとしたら、おじいさんが来て、『藤木さん』『はいはい』『あなた本当に藤木さん？』『そうですよ』『あの、横浜の藤木さんて、あなた本当に藤木さん？』……。くどいんだよ、その親父が。ヤクザが来ると思ってたんだ。イメージが、ね。そうしたらこのスマートなインテリジェンスのある人が来たから、向こうはびっくりしちゃってさあ。何遍も聞くんだよ。『横浜の、あんた本当に藤木さん？』。ああ、その時に身の程を知ったね、俺は。横浜ってそう思われてるんだと思ったな」

笑い話にする時もあれば、政治の状況をヤクザの世界に喩《たと》えたりする。森友・加計《かけ》問題に絡めてこんな具合に。

「各省庁は暴力団と同じことやってるじゃない、権力で。ある人の考え一つに皆が忠実に従う。従わなかったらえらいリンチが陰にある。『目に見える刺青』『目に見えない刺青』で、私なんか見ててまったく同じだもん。国交省しかり、文科省しかり。みんな親分がいて、悪いことやれ、って言われて、みんなやってるじゃない。嘘《うそ》つけって言われたら、嘘

タイトルベースとなった沖の貨物船に足船で向かう沖仲仕の写真（1953年、堀内利通氏撮影）

ついてるじゃない。あいつらは国家権力というやつを笠に着てやってる。ヤクザの世界より酷《ひど》いよ」

ドキュメンタリー番組や映画のタイトルベースを、足船に乗って貨物船に向かう港湾労働者たちの白黒写真にしようと決めた。藤木さんが背負う時代の意味合いを込めたかったからだ。

大きく変わった意識

実際、港湾人たちの意識も横浜港も大きく変貌している。

藤木さんがカジノ反対を打ち出したことについて、常に藤木さんの援軍となった港の幹部が、東京にある関東港運会長の田端彰氏だ。横浜港運協会の顧問でもある。

港の世界に入ったのは、住吉一家の阿部重作氏の誘いだったという。港の仕事一筋の叩き上げの苦労人だ。田端氏もカジノ誘致には憤っていた。

「当たり前だよ。そんなの。大体ね、港へ博打なんかとんでもねえ案だ。昔はね、みんな博打が趣味だったかもしれないが、横浜があれだけの港になったのは、港湾関係の業者や業界、そこで働く労働者が、一緒になって今まで築いてきたからで、冗談じゃないよ」

田端氏は、横浜港運協会で最も付き合いが古い。一九五六年に知り合ったのが始まりで、以来、七〇年近くになる。藤木さんは田端氏のことを今も「バタヤン」と呼び、「仕事を教えてもらったんだ」と嬉しそうに紹介する。藤木さんの一歳年下だ。

田端氏は、東京大空襲で家、財産を一瞬にして失った。大学に行けず、一九四九年、港湾の仕事に就いた。その頃は、博打は当たり前に行われていたそうだ。朝から晩まで荷役の仕事をこなし、苦学して明治学院大学の夜間で勉学に励んだ。夜学の月謝を払うのが大変でゆとりもなく、博打は一切やらなかったし、周りにもやらせなかった。

「俺は、博打は良くねえと思ってた。勝ったやつはいいけど、負けたやつは何か悪いこと

港湾人として藤木氏を支え続けた田端彰氏（左）

を考えるもの。今日働いた金を博打で取られたら、家に持って行く金がないんだから。そうすると何か悪いこと考えるからよ。うちの会社は、博打は俺がやかましかったからね」

藤木さんと同じで、港の発展に対して自分たちが作り上げてきたのだという自負があった。港がヤクザが仕切る世界だと見られてきたことには、「昔のことを知ってるやつはそう見たんだろうけど、もう時代が違う。そんな時代じゃなくなった」。

港の幹部たちも、時代と共に大きく変わってきたのだ。

幹部の中には、藤木さんがカジノ反対と旗幟《きし》鮮明にして政権と対峙することに不安を覚える人たちもいた。事業に差し障りが出るかもしれないと思うのは当然だ。

「反対すると自分らの倉庫関係がうまくいかなくなるとか、あまり反対ばかりしてられないとか、いろんな気持ちがあったよ。強く反対を言えない人もいたよ。俺は叩き上げだから怖くないよ、全然。カジノ賛成なら商売やめてやるわ、という気持ちだから、こっちは」

田端氏は一貫して同じ立ち位置で、藤木さんに賛同していた。

横浜港の記憶

藤木さんたちが自信を持って語ったように、横浜港も大きな変貌を遂げている。

今、日本で最も水深が深く、最新鋭のふ頭は、横浜の南本牧ふ頭だ。

戦後すぐは、行けば仕事があるというので、横浜に多くの人が集まって来た。戦争から復員した人たちも仕事がない。桜木町の駅を降りた大岡川の橋の袂が日雇いの寄せ場だった。

当時、港の仕事には弁当が出たそうだ。お米はタイ米。タイ米は赤い色で、赤いご飯だった。港で働いた家族持ちはそのタイ米を家に持って帰って、一人前であってもおじやにして子供たちにも食べさせたのだという。

また、当時はコンテナではない、ハッチだ。貨物倉であるハッチには、大麦や大豆がむき出しで入っている。その中での作業だ。材木は一番下でそこにはガスが溜《た》まる。カナリアを持って入り、酸素があるかどうかを確認したという。ハッチからハッチへ渡る途中で海に落ちてしまうなど、常に危険と隣り合わせだった。

沖の貨物船から荷が降ろされた後に、港まで運ぶのは艀《はしけ》だ。艀での水上生活者も多く、戦後もしばらく続いていた。

「溺れて死んだ子はいっぱいいるのよ。ワイヤー巻いて降ろして小便させたんだから。艀の間でね。『お母ちゃんおしっこ』なんて女の子が言うと、慌ててワイヤー巻いて降ろして。学校行って便所の使い方知らなかったって」

藤木さんたちは、こうした状況を改善しようと率先して福利厚生に力を入れて、住居や食堂も造った。今も山下ふ頭には、「波止場食堂」という名前で続いていて、取材に行くと、ハンバーグもメンチカツも焼き豚も、すべて一から手作りで提供していた。

肝っ玉だけは負けない

藤木さんの胆力はどこから来るのか。

港の話と共に大勢の前でよく語るのが、戦時中の体験だ。著書『ミナトのせがれ』にはこうある。

若くして死と向かい合って、目的をもって仕事に打ち込む―昭和ヒトケタで、戦争にも行けず、おやじのように派手な立ちまわりの経験もない私だが、（略）肝っ玉だけはヒケを取らないと胸が張れた。

小学校から旧制中学に通う多感な時期に向き合った、戦争の現実と社会の実相。記録や教科書の記述の向こうにあるリアルが、藤木さんの言葉を通して語られる。

「私は戦争で死に損なったから。一遍死んだ体だと思ってるよ」

戦時中の一九四三年、小学校を出て県立神奈川工業高校の機械科に入学した。旧制中学にあたる。日本一の工業学校で、各小学校のトップクラスでないと入れなかった。だが、実習用の工場は、軍需工場に転用されていた。入学と同時に、ここで軍用機の部品を作ることになる。

終戦間際の一九四五年五月に横浜は無差別爆撃に見舞われた。学校工場での作業の最中に、米軍爆撃機に機銃掃射された。

「突然来て、突然ダダダダダッて撃って来るからね。俺の横にいて旋盤やってたやつが直撃だ。目と目が合うんだから、パイロットの。もういないんだよ。あれっ、ともう血だらけで倒れてるんだ。いつ死ぬか分からない。弾《たま》が当たったら死ぬんだからね。(自分は)当たんなかっただけなんだよ」

目の前で友人の命が奪われる。まだ一四歳の少年だ。

「新聞は、勝った勝った、また勝ったとやってるから、戦況はまったく分からなかった。何も知らずに飛行機の部品を作っていた」

工作機械の名前がすらすらと口をついて出る。旋盤、シェーバー、フライス盤、ミーリング、カッター、鋳物。全部やったそうだ。鉄の強度を高めるために青酸カリを吹き付ける作業も。口に含んで吹きかけるというのだ。こともなげに振り返る。

「あれは大変な味で、青酸カリの味を知ってるのは、あれで死んだ人と私ぐらいなもんですよ。よく青酸カリを溶かして口に入れて、ぷーってね。皆、藤木これ頼むと。ずいぶんやったもんだ。聞くほどおっかなくないんだ、あんなものはね。だけど舌が荒れちゃってね。その晩はサツマイモも食えないんだ。入れると痛いんだ。ピリピリって。舌が荒れるんですね。でも、平気なんだ、ちっとも怖くないんだ、戦争に勝つためには。『天皇陛下のためには命を失うのがお前の仕事だ』と幼稚園に入る前から教わっていた。その精神力。子供の精神力というのは見事なものです。いまだに抜けない」

藤木少年にとっての戦争

学校工場で指導にあたったのは、朝鮮半島の出身者だった。

「本当の職工さんたちが来て、日の丸の鉢巻きして皆で働いて。その人たちが技術を教えてくれる。みんな朝鮮の人なんです。韓国という国はないし、朝鮮という国もない。今、徴用工とか言ってるけど、いい人ばかりでね。半分同情があるでしょ。中学生が入って来て、この子たちはちょっと成績がいい子が揃ってるって、彼らも分かってる。空襲になったら真っ先に『すぐに逃げろ。すぐあっちへ行け』。親切なおじさんばかりだった」

一九四五年五月二九日、米軍の爆撃機五〇〇機、艦載機一〇〇機の大編隊による横浜大空襲は、藤木さんが仕事を始めようとした、まさにその時始まった。『横浜市史』によると、総数四三万八五七六個の焼夷弾《しょういだん》を投下したとされる。藤木さんには鮮明な記憶がある。

「音がするんだから、焼夷弾というのは、ざーっと。バラバラになって三六本、ぼとっと皆突き刺さるんだ。空襲で（周りは）何人も死んだ」

あたりは昼だというのに、空が夜のように暗く、焼夷弾から飛び散った火の玉を浴びて、校舎も、工場も、校庭も燃えさかっていたという。

横浜大空襲による死者数は空襲直後の発表では三六五〇人、後にそれ以上ともされる。藤木さんが慕っていた旧制横浜工業高校を出たばかりの先生も、焼夷弾の直撃を受けて即死した。

「榎本さんという、政治か何かを教わったな。怖い先生だけど、本当に兄貴みたいな人だった。すごくみんなが尊敬していた。その人が焼けて真っ黒になって死んじゃった。その方の亡骸《なきがら》がなくて、あったのは脳みそとバックルだけだった。その脳みそを錆《さ》びた空き缶の中へ入れて、この手でつまんで入れて、それを奥さんに届けました。もうあんな悲しいことは人生でなかった」

目の前で亡くなった先生の脳みそを手でかき集めて荼毘《だび》に付したという。

藤木さんは「きれいも汚いもないの。怖い怖くない、そんなレベルの話じゃない。今考えるとできないことばかり、よくやったなと思うことばかり」と振り返る。

空襲で何を見て、何を知ったのか

横浜大空襲をめぐっては、米軍機が焼夷弾を落とす映像、逃げ惑う人たちや焼き尽くされた町並みの写真は残されている。

戦後生まれの私たちはこうした映像や写真、実名を見て、多くの人の命が奪われたことを知る。

また、体験者や亡くなった方々の遺族の話を聞いて、戦争の凄惨さを実感する。

藤木さんの話は、空襲の生々しさを突きつけられ、衝撃だった。

まだ話は続いた。

「空襲の後、必ず、友だちが来て。『お袋が死んじゃった』って。そうか。俺たちはもう空襲で人が死ぬのは当たり前だったから、驚かないや。『今日保土ヶ谷で、二俣川《ふたまたがわ》で空襲があったよ』『そうか、あそこには山下がいるな』。そうすると、『藤木ー』って泣いて来る。『藤木』『なんだ、どうした』『お袋が死んじゃった』『一昨日お前のところ行ったろ、俺が。あの時に、藤木君、はい、これ食べなさい、って俺にサツマイモの蒸《ふか》したやつを、しっぽみたいなのをくれたよ。すごく美味《おい》しかった。おばさんが？　お母さん死んじゃったの？』『頼む』『行くよ』」

何しに行くのか。

「遺体が半分残ってるんですよ。全部燃えてないんです。空襲の後だからね、横たわって寝てね、下は土だから、土のほうはね、そのままの体なんだ。こっちはちゃんとしたほっぺたなんですよ。上は火に炙《あぶ》られてね、白骨なんです。半分焼くんです。起こして、真っ黒こげで、その臭いがすごいんだ。フィルムのいいのは、臭いが出ないこと。『頼む』って言われただけでそういうことなの。何人も焼きました。涙ながらに」

こんな体験が最高権力者をものともしない強さにつながったのだろう、生半可な政治家では太刀打ちできない。

藤木さんは、「自分は生きているから戦争を語る資格はない、本当に戦争が分かるのは死んだ人だ」と言うが。

空襲の現実を映像化しようと、当時の写真や映像をあたった。が、藤木さんが言う亡骸はほとんど映っていない。テレビ朝日のアーカイブ映像には一部あったのだが、撮影者不明で放送に乗せられない。

ただ、調べていくうちに、空襲でこげ尽くされた人々の遺体を撮った写真があることが分かった。焼き尽くされた瓦礫《がれき》の上に、何体もの遺体が並べられていた。それは黒くこげて体は崩れ落ち、子供の遺体もあった。

写真を撮った人の遺族に番組の趣旨を伝えて使用許可をもらい、二カット入れる。藤木さんの話を聞いて、少しでも現実に起きたことを知ってほしいと思ったからだ。

レディアンツの悪ガキたち

長くなるが、藤木さんとは何者かを描く上で欠かせないのが、戦争直後に作った野球チームの話だ。野球チームは、戦後の満足な食糧もなく社会が殺伐とする中で、藤木さんが町をたむろする少年たちを呼んで作った集まりだ。藤木さんがまだ一五歳の時のこと。つけたチーム名は「レディアンツ」。「光り輝く」という意味だ。

戦後の社会、地域や子供たちに対してどう向き合っていたのか、どんな社会を目指そうとしていたのかが名称から伝わる。今につながる原点だ。

この取材時は、野球チームの話が横浜市長選につながっていくとは、想像だにしていなかった。振り返れば、人が体験して感動した時間を共有したことは今に生きてくる。

レディアンツでは、毎週日曜日の野球だけでなく、前日の土曜日に集まって読書をし、社会テーマを挙げて議論をする。社会奉仕もやったという。

今の時代、本を読め、自分の意見を言え、社会奉仕をしろとやっている集まりはあるのだろうか。藤木さんはそれを一五歳で始めている。

「子供は全部不良少年。弱いやつ見たら脅かすとかね。カツアゲやってね。喧嘩だらけで

藤木氏が15歳時に結成した「レディアンツ」。２列目右２番目が藤木氏

すよ。そうしなきゃ生きていけないんだよ。子供たち集まれって。毎週一遍、俺のうちへみんな集めて。だって、みんな行くところがなくてうろうろしてるんだもの」

中高生の読書会と討論会

メンバーの一人が、一九三五年生まれの志村裕庸さん。藤木さんより五歳下で、一五歳の時からレディアンツに入った。当時の写真や議論の議題を書いた記録帳、さらには皆で作ったガリ版刷りの機関紙「レディアンツ」を大切に保管していた。

写真を見せてくれながら、楽しそうに当時のことを話す。

「野球を教えてくれるのかと思ったら、『本を読め』

と。本を読まないとろくな道に行かないから、いろんな本を読んで。芥川龍之介だとか、倉田百三だとか、武者小路実篤《むしやのこうじさねあつ》とか。夏目漱石、田山花袋《かたい》。これ読んで来い、あれ読んで来いと。それも嫌だけど読んで。買えないから誰かが買ったやつを借りて、読むわけですよ。本人が読んでるんですよ。ありとあらゆる本読んでるの、あの人は。だから、今どこの会に行ってもパッと引きだしが出て来るんだろうね」

読書だけではなかった。一九三八年生まれの北憲五さんもメンバーの一人で、当時の資料を今も持っている。記録帳を懐かしそうに手にしながら、振り返る。

「思い出しますよ。本を読まない時は議題について話し合う。みんなで論じるわけですよ。生意気に。ははは。議題を挙げるんです」

記録帳には、議論のテーマとそれを提案したメンバーの名前が書かれている。

「斎藤は水爆実験について。長谷川は自衛隊について出したとかね。野球だけだとだめだと。勉強しろ、本を読めというのが藤木さんの説ですから。そういうものだと思ってたんですね、僕ら。自分の意見を持つことができた。ありがたいと思いますよ」

難しいテーマが並ぶ。「愛国心」「戦後の日本の国民性」「人格とは何か」「個性につい

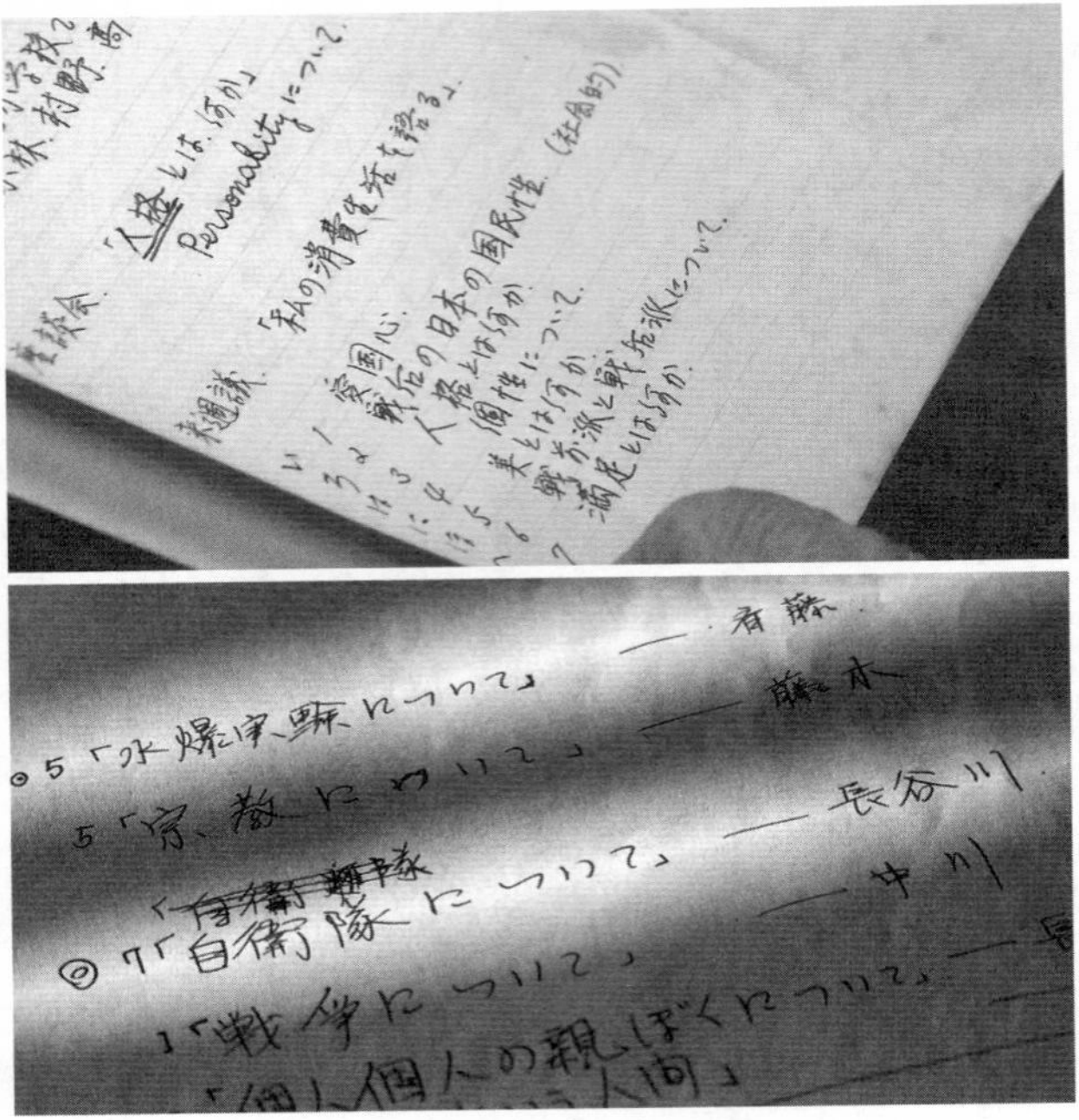

当時の「レディアンツ」の記録帳。硬派な議題が並ぶ

て」「憲法改正の是非」「死刑の是非」「宗教について」……。読み上げたらきりがない。

こうしたテーマで中学生、高校生が集まって毎週議論していたというのだから、驚く。

藤木さんのインタビューを行っている最中に、志村さんが会長室を訪ねて来たことがあった。志村さんは今も、何か行事があれば駆け付けている。

カメラが回る中、志村さんにレディアンツの話を聞くと、当時のように直立不動でその様子を再現してくれた。

「会長が宿題出すわけですよ。皆一人ずつ喋らないといけないから、立ってこうやって、堂々と。喋れなかったら帰れ、だから。怖いんですよ」

「後になって勉強になったね。ディスカッションだとか、人と討論するっていうのはね、日本の国にはなかった話なんですよ。それが民主主義になって、みんなが意見を言えるってことを吹き込むために、会長はこういうのもやらせたのかもしれない」

藤木さん曰く、「戦争中は喋ることは悪いことだったから。ね。戦争中は黙って言うことを聞いてりゃぁ、いい子だった。喋るってことは生意気なんだから。だから喋らせたんだね。きっと。じゃなきゃやりませんよ、こんなこと」。

夜警で結束が強まった

さらに、レディアンツの皆で道路の舗装や夜警もやっていたと言うので、志村さんに現地を案内してもらった。

機関紙「レディアンツ」に、道路工事をやっている一枚の写真が掲載されていた。ぬかるむ道路を舗装したことが記録されている。

東横線の妙蓮寺《みようれんじ》駅の北西に広がる丘陵地帯の住宅街。急な坂が続く。その一角に当時の藤木さんの屋敷があり、少年たちが集まっていた。玄関には高張提灯《たかはりちようちん》。「あれはヤクザの家だから」と、藤木さんと関わることを快く思わなかった親も多くいたようだ。

現地に着いた。志村さんが坂道と写真を指さしながら、「ここで道路工事をやって。この門が、そこのうちの門」

周囲の家は建て替えられているが、確かに写真と同じ景色が広がっている。住宅街の道路一帯にコークスをスコップで撒《ま》いては固めていったそうだ。

夜警ルートも案内してくれる。泥棒が多かったそうだ。拍子木《ひようしぎ》を持って毎晩夜一〇時頃から午前一時くらいまで近所を六、七人で見回りに行く。

「泥棒がどっかその辺にいるんじゃないかと、覗きながらずっと歩いてたわけ。こっから出てきたんだ、泥棒が。ここから。どろぼーって言って、だーって追っかけてったんだ、下まで」

追っかける様子をまたも自ら再現する。

「一番下行って、パッと入ったの。その家のガキだなって分かった。そしたら会長が『そんなことは追及しなくていいって。荷物持ってないから、かっぱらう前でただ逃げただけだから。とっ捕まえたら親兄弟皆、恥をかくんだよ。可哀相《かわいそう》じゃん。吊し上げて、泥棒と言うのは簡単だけど。夜警の目的を果たしたんだ、捕まえるのが目的じゃないから』。俺は今でもその人の名前覚えてるけど、家が貧しかったたんだよな」

道路工事や夜警を近所の人たちからありがたがられ、それまでの藤木さんを見る目が変わったそうだ。

「東横線は白楽でも、東白楽でも、菊名、大倉山にも改札口のところに、不良みたいなのがいっぱいいいたわけですよ。ぶらぶらしてるのがね。そういうのが妙蓮寺にはいなかった。だってそういうやつは、皆レディアンツに入ってたんだもん」

藤木さんも振り返る。

「みんなでこう夜警して、火の用心タッタッタッタッタ……すごくまとまりにいいんだよ。あいうことは。うん、お金もらって何とかやるっていうのはね、スタッフのまとまりにならない。誰かのためになってるっていう、無償でね。そういうのはみんなこう、喜んでやるようになって」

今も続く「サードプレイス」

カジノに反対する藤木さんは志村さんの目にはどう映るのか。本気じゃないと思わなかったか。

「思わないね。会長は、藤木さんという人は、口先だけでやらないから。小さい時から言ったら即実行です。夜警でも道路工事でも普通やらないですよ。一銭の得にもならないんだから。まさか、というのに本当に始まっちゃったから」

一九四六年にできたレディアンツは今も続いている。

少年部は小学校二年生から六年生までの一三人。女子もいる。青年部は高校生以上が一六人。OBは今や合わせて一〇〇〇名ほどにも上る。

二〇二二年の秋、七六年も続く少年部の野球を撮影に行った。コーチは三人。その日の対抗試合に負けて、夕暮れの日差しの中、守備練習を行っていた。大きな声を出しながら

今も続く野球チーム「レディアンツ」

ボールを追う。学年が違うから体格にも差がある。子供たちに話を聞くと、みんな口々に「楽しい」と連発する。

「何で？」と聞くと、「学校はストレスで、ここでは好きなことが言える」からだそうだ。「学年も関係ないから」という声も。

現監督の白水豊泰さんは監督歴三〇年。その方針は、「挨拶をする、大きな声で自分の意見を言う、本を読む、仲間を助け合う」。

参加行事もなく、強制でもなく、リトルリーグと違って野球選手を目指すわけでもない。

「結果より〝過程〟が大事。〝まじめに頑張ること〟を教えたい。そのツールが野球ということであって、野球の技術よりも、人間として大きくなってほしい」

家庭でもない学校でもない、もう一つの拠《よ》り所《どころ》になってほしいと。最近は「サードプレイス」という居場所のことが話題に上るが、レディアンツはまさしくそのサードプレイスになっているようだ。

勉強会は、コロナ禍で緊急事態宣言の時に週に一回集まっていたが、今はやっていないそうだ。あのディスカッションの場が今の時代に復活してほしいと思う。

レディアンツの輪は時代を超えてつながっていた。〝藤木さん〟を外から見ていた時とは違う、活動の地続きの広がりを見た。

類いまれなる読書家

藤木さんの内側を形作るもう一つの側面。レディアンツの仲間たちが言う、「藤木さんはありとあらゆる本を読んでいる」。

類いまれなる読書家だというのは、取材する中でよく聞いた。横浜を代表する読書人だと評した『神奈川新聞』の元論説委員もいる。

演説が聞かせるのも、言葉に力があるのも、当意即妙の反応ができるのも、読書家というのが大きい。私は政治部記者時代、また報道ステーション時代は政治ニュースを担当していたので、政治家の演説や講演、記者会見を聞くことが多かったが、聴衆を沸かせるだけの演説力を持つ政治家は必ずしも多くはない。

藤木さんの演説は、よどみなく的確な言葉が出てくるのと同時に、リズムがある。そこに自身が体験してきた歴史と物語が加わる。落語好きで寄席に通っていたから小話も得意だ。

何を読んでいるのか、どれぐらい読んでいるのか。

藤木さんの車には常に本が一〇冊以上、週刊誌や月刊誌も積まれている。車中の撮影の日に読んでいたのが、自民党元参議院議員会長の故・村上正邦氏の著書『だから政治家は嫌われる』（小学館、二〇一四年）。

政治部にいた頃、村上氏の派閥取材で、短い間だが参議院議員宿舎に記者として通ったことがある。今の二階派の前身、志帥会を立ち上げたのが、村上正邦氏と亀井静香氏だ。当時、村上・亀井派と呼ばれていた。村上氏は番記者とよく懇談した。歴史の本が好きで、権力闘争について学ぶんだと言っていたことを覚えている。

とにかく活字に飢えていた

藤木さんの読書量は想像を超えていた。

戦時中の紙がない時代、活字に飢えていた藤木さんは、防空壕《ぼうくうごう》でも蠟燭を灯しながら本を読んでいたという。学校工場の延長に読書があり、戦時中は本が『友だち』だったそうだ。読書談義も時代をうかがわせる。

小学校を出て旧制中学にあたる県立神奈川工業高校に入学してすぐに、学校の工場で軍用機の部品を作っていたことは先述したが、そこでは学費を払うこともなく、逆に月給四〇円をもらっていた。

「学校に入って、月給をもらっても、戦時中で紙がないから本の出版なんかないでしょう。古本屋さんが街中にあって、そこへお金を持って行って、この本が読みたいなと思ったら、それを引っ張り出して、『これ、おじさん、お願いします』と借りるんですよ。それで本代として二〇円出すんですよ。大変なお金です、一冊二〇円。それでそれを借りて、一日一円なの。三日で読むと三円引いて、一七円返してくれる。

そういう中の読書生活です。当時はそれが当たり前だから。世界文学全集なんかの厚いやつで、三日や四日じゃ読めない。ドストエフスキーなんか特に読めない。難しくて。そうすると、やっぱりそれからこの本は愛着が生まれて、一言一句、これは傍《そば》に置いておきたい。それはね、返しに行かないの。二〇円で買っちゃう。本屋もそのほうが良いの。お金になるから。だから三円払って三日間で読むとか、五円払って五日間で読む。あるいはこれは二〇円そっくり出して買っちゃう。

だからよく親父に、『親父、俺、本欲しいんだけど』『おお、いいよ、何だ?』『この本、俺欲しいんだ』。『明治大正文学全集』とかね。国木田独歩だとか短い文章の作家と、漱石なんかは長いほうですよ

「横浜の野毛《のげ》の通りにある苅部書店。神田に持って行っても負けない本屋なの。その苅部という男がいて、弁護士になったけど、俺と小学校同級生。苅部書店には『漱石全集』というやつがあってね。岩波書店で出してる。それを全部私は古本で持ってました。戦争が終わって苅部の本は丸焼け、横浜全部丸焼けだから、私の本は防空壕へ全部入れてあって丸焼けじゃなかったから、私の本を寄付して再スタートしたの、苅部書店。今でもありま

す。野毛の通り」

この取材が始まって横浜市中央図書館へ資料を調べに行く時に、苅部書店の前を何度も通った。新しいビルに囲まれて、「古本買入　天保堂苅部書店」と筆書きの大きな看板を掲げた古本屋さん。そこだけ昭和の空間だった。まだこうしたお店が残っているんだなと通るたびに思っていたが、まさかここに藤木さんが通っていたとは。

少年時代に、明治の文豪たちだけでなく、マルクスも読めばキルケゴールも読む。作家の名前はもとより、経済学者や哲学者の名前が後から後から出てくる。

読書談義が終わらない

藤木さんの会社には会長室とは別に書斎がある。たいてい会長室で来客に対応するか、秘書室で港の幹部らと政治談義をしているが、奥に書斎があった。

案内してもらう。

部屋のドアノブには、「COFFEE BREAK　9:00-5:00」という看板が。これでは、九時から五時まで一日中休憩だ。これも藤木さんらしい茶目っ気で、看板を指さしながら

「いいだろ」と嬉しそうに中に入って行く。

部屋の中には、本棚に本がずらりと並ぶ。本棚は六段で、四面ある。一段四〇冊程度。自宅にはその三倍あるそうだ。本はうちで読むもので会社は本を読むところではないからと言うが、かなりの量だ。家ではベッドの周りは本だらけ。本に囲まれて寝ているとか。藤木さんは夜中の一時頃に目が覚めて、本を読む。二時間ぐらいはあっという間だという。これを毎日繰り返しているのだから、知識量は半端じゃない。

本棚には、清水幾太郎が送ってくれた『社会講義全集』。次に並ぶのが、少し古びた『佐藤紅緑《こうろく》全集』。

「佐藤紅緑知ってる？　サトウハチローの親です。サトウハチローと佐藤愛子の父親が佐藤紅緑。俺なんか子供の頃は、この人が最高の人。夏目漱石以上の存在。知らない？　少女小説、少年小説、読んでて涙ボロボロこぼすのはこの人。この人、青森の人だけどね」

ぼろぼろになった長谷川伸の『日本捕虜史』初版本。チェーホフ、『大菩薩峠《だいぼさつ》』と書棚を見ながら話は続く。

「大菩薩峠は、中里介山自身の人生観が苦労話から何から全部入っているからね」

幸田露伴の『五重塔』は、藤木さんが大事にする義理人情恩返しの世界だ。

「今の人が読んでも誰も分からない。今の資本主義で、肝心な時に大工の親方同士が相手に仕事を譲っちゃうなんてことは、そんなことやってられるかいということで美徳じゃないんですよ、今はね。幸田露伴はそれを『五重塔』という小説で、短い小説だけど書いていたでしょう。山本周五郎にしても、藤沢周平にしてもそれを新しくしてあるけど。大正ロマンの時代、明治時代のあの独特のね、明治のきちっとした人間の生き方。孔孟の教えは、明治維新の若い志士たちは孔子を否定したからね、孟子を否定したから。孔子が今残っているのは韓国だけですよね。習近平も全部そんなものは否定してる」

趣味は本屋に行くこと

少年時代に、リベラルで理想主義に傾倒していたことが分かるエピソードがある。

終戦後すぐ、まだ県立神奈川工業高校の生徒だった時に、神奈川新聞が主催した作文コンクールに応募し、優秀論文に選ばれている。タイトルは、「新憲法に対する我らの覚悟」。長いが引用する。藤木さん一六歳の時の作文だ。

尊い説教は聴衆がそれに傾聴することに依《よ》ってその尊さを増し、そしてそれを実行することに依って初めてその価値を発生する。今度吾《わ》が国に於《お》いて公布されそして今や施行されんとしている新しき国家憲法に於ても強くそのことが言えるのである。憲法が吾々《われわれ》の身辺から遠き存在物ではないことを、我々は常に自覚せねばならない。憲法そのものが吾々の生活と密接な関係を持って居り、またそれの如何《いかん》に依っては吾々の日常生活の幸、不幸が左右されるのであるという事実を深く知り、この憲法というものこそ世の法律家さえ知っておれば良いものではなく日本国民の老若男女全てがこれを強く認識して、尚《なお》正しく理解せねばならぬと悟ることが、今の日本に於いて最も望ましいことなのである。

当時の藤木さんたちにとっての憲法は教育勅語で、軍国主義の社会。まだ民主主義をよく知らない中で、書いた作文だ。担任の先生から「学校を代表して書く論文だからお前書け」と指名されて書いたのだそうだ。

「本が好きだからというので書かせたんじゃない？　一生懸命書いたね。この頃、河合栄治郎の本だとか、倉田百三だとか、もちろん夏目漱石だとか、国木田独歩だとか、明治の本しかなかったからね。河合栄治郎さんというのは最高の自由主義者だから。あの頃の旧高校生のバイブルでしたからね、あの人の本は。神奈川新聞が順番をつけたらしいよ。私が一位で、二位が女子、岸惠子が出た学校」

趣味は本屋に行くことだそうだ。今はコロナで行けないと嘆いていた。

藤木さんの読んだ本も新聞も赤線だらけだ。この日は、赤線を引っ張った朝日新聞の記事や天声人語を切り抜いたものを会社に持って来ていた。皆に見せて話をしたいのだそうだ。

これでは、並の政治家はかなわない。

第四章　そして、決戦へ

ルビコン川を渡る

選挙に話を戻す。決戦の場となる横浜市長選に向け、候補者擁立が難航していることは先に記した。

二〇二一年二月に開かれた極秘の選対会議でのスケジュール感は、知名度がある候補者であれば五月連休明けまでに、知名度がなければなるべく早く立てて浸透させていくというものだった。しかし、知名度がある人たちは首を縦に振らず、時間だけが過ぎていった。

その頃、立憲民主党の候補として、若手経営者で都市経営ができるという触れ込みの元横浜DeNA社長・池田純氏や、遅れて横浜市立大学医学部教授で新型コロナ感染症も含めたデータサイエンスの専門家である山中竹春氏の名前が挙がっていた。だが、最終的な絞り込みにまで至っていなかった。

藤木さんたちの推す候補者は、四月に入っても決まらなかった。だが、横浜市長選に向けた港湾業界の準備は進んでいた。

四月一九日のハーバーリゾート協会の総会。ここで藤木さんは、「大きな運動を起こすしかないということで、市民と連携して、山下ふ頭にカジノを誘致させないために何でもやるということであります」と宣言した。

市民と手を組むことについて、自民党元横浜市会議長で藤木さんの盟友の藤代耕一氏は、「藤木さんはルビコンを渡った」と表現した。大げさだが、藤木さんと共に長年にわたって自民党の選挙をやってきた藤代氏からすると、市民との連携というのはそれぐらい驚天動地のことに見えたようだ。

「僕は分からないけど、ああいう人たちの熱意とかを藤木さんは感じたんじゃないかな。僕は分からないですよ。そこはね」

これまで革新系と選挙で争ってきた背景があるとは言え、市民の行動をまったく異次元の世界に見ているという藤代氏の反応が、逆に驚きでもあった。

総会の場で突然、藤木さんがハーバーリゾート協会の会計報告を求めた。

突然振られた港湾幹部が、壇上に上がり報告した。「大体、預貯金で、一億五〇〇〇万ほどございます。藤木会長から、当初から明朗会計ということを言われてましして」。

藤木さんが続ける。

「あのお金は全然手をつけておりません。一人でも多くの横浜市民に私が喋っていることをきちっと分かりやすい言葉にして分かってもらう、いざとなったらドカンと使います」

こうした公の会合で金目《かねめ》の話をするのは、私は見たことがない。本気度を示す意味合いだったのだろう。一億五〇〇〇万円もの資金があるというのも驚きで、その数字を聞けば皆大きな励みになる。

その一部は後に、「横浜らしい未来を創ろう。カジノ反対の一九万余の声を無駄にしない山下ふ頭開発を」と題して、藤木さんの顔写真が載った新聞の全面広告と、折り込みチラシになって配られた。四〇〇〇万円を使ったそうだ。実際に読んだという声は、何人かの市民から聞いた。

広告のタイミングと資金の使い方。選挙を手掛けてきた藤木さんたちの実践力が加わった。だが、どうやって市民たちと結び付いていくのか。この時はよく見えなかった。

市民と直接つながる

五月の連休が明けても、肝心の候補者は決まっていなかった。

自民党陣営も同じで、勝てる候補者が決まらなかった。林文子現市長の動向も注視されていた。

五月二二日、民主党政権時代の野田内閣で内閣官房副長官を務めた斎藤勁氏が主宰する団体とハーバーリゾート協会の共催で、藤木さんは多摩大学学長の寺島実郎氏と共に講演会を行った。

場所はいつもの「ロイヤルホールヨコハマ」だが、部屋が四階の「エリゼの間」だった。二階の「ヴェルサイユの間」は予約で埋まっていた。急遽《きゅうきょ》、開催が決まったからだ。

本来この場で候補者を紹介するはずだったが、間に合わなかった。ただ、後から振り返れば、実はここは重要な場だった。

講演前の打ち合わせの控室。港の会合では、政治家や港の関係者が藤木さんに挨拶に来るが、この日は違った。署名活動の中心となった市民たち二〇人ほどが部屋の前に並んでいた。これから共に闘うことになる人たちで、両者の初めての出会いだった。藤木さんサイドが直接手を組んで闘おうと肚を決め、仕掛けた場だった。

藤木さんが部屋を出て、その人たち一人一人と名刺を交換し、挨拶した。港運協会の水

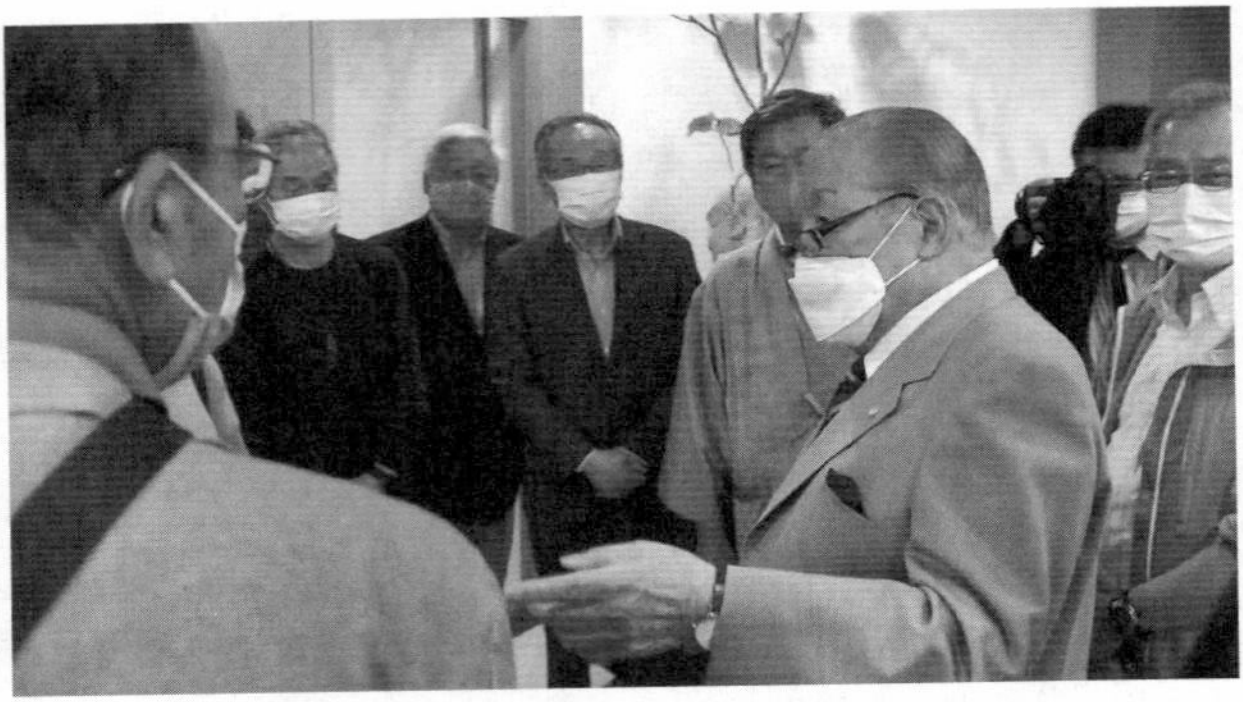

5月22日、藤木氏が無党派市民と初めてつながった瞬間

上常務が藤木さんに紹介する。

「この方々が、住民投票の署名一九万三一九三筆を取った中心になった方です」

皆、藤木さんとは初対面だった。

インタビューすると、こんな声が返ってくる。

「藤木会長から『頑張った市民たちに会いたい』と。藤木会長が一緒になってくれると大きな力になると思って馳《は》せ参じました。藤木さんは、ドンと言われてるように怖い人だと思ってました。港湾というと荒くれ者というところがありますから。そこを牛耳ってきた。おいそれとは近づけないような」

藤木さんと署名を集めた市民たちが大同団結する舞台はうまくいったようだった。

「今日初めて話を聞きましたけど、市民とつながりたいという気持ちがよく分かりました」「山下ふ頭の港運会館に立てこもったら駆け付けます」と言う女性もいて、藤木さんが、「山下ふ頭に風呂場持ち込むから。そうしたらタイルちょっと磨いてください」と言って笑いを取っていた。

「俺が行くから、また地元で何人か集めてもらって。俺の話は面白いから」（一同笑）

それまでは、「市民と連携」と言っていても、特にこうした場面はなかった。具体的な一歩を踏み出したのは、つないだ人がいたからだ。あの「レディアンツ」のメンバーだった。

仲介役もレディアンツ

戦後すぐに作った野球チームのレディアンツ。先述した通り、つながりは今も続いている。そのうちの一人に林定雄さんがいる。一九四七年七月三日生まれで、藤木さんの一七歳年下だ。ドキュメンタリー番組では最後に種明かしをしたが、実は、この林さんこそが藤木さんと市民を仲立ちする役目を果たしたのだった。

藤木さんは、一九万もの署名を集めた市民との接触を図ろうとしていた。五月二二日の寺島実郎氏との講演会の場に市民を集めたのは林さんだ。その市民は、政党とは関係なく署名活動を熱心に行った無党派の人たちだった。

林定雄さんがレディアンツに入ったのは小学校四年、一〇歳の時だったそうだ。

野球好きで、五歳年上のお兄さんから誘われて。当時は少年部で一五人、青年部の高校生と大学生は一〇人くらい。その頃も毎週土曜に討論会を夜の七時〜九時までやっていて、出席するのは二〇人くらい。藤木さんとは年が離れているから、接触がないのかと思いきや、藤木さんは月に一回か二回顔を出して話をする。藤木さんは社会人で、林さんは小学生。小学生相手に対しても、高校生や大学生と同じことをやらせる。

当時、林さんは、藤木さんの話が楽しくてわくわくしていたとのこと。

世界の港を視察して回っていた藤木さんは、海外の港の話をよくしていた。今でも林さんが覚えているのは、「ＥＣ（欧州共同体）は、世界大戦の経験から二度と戦争をしないヨーロッパを一つにする試みで、いずれは政治的にも一緒になる夢のような目標を作っている。よく見てなよ」という話。ずっと頭に残っているそうだ。

無党派市民とはネットつながり

林さんの藤木さん評――。

「港のボスとか裏のボスとか言われるけど、藤木さんはリーダーだけど、ボスじゃない。ダメなものをダメと言う冷静な人。自分が間違ってると思うことに賛成だとか言わない。だから人にも、俺が言ったから誰が言ったから正しいんじゃなくて、何が正しいか自分で判断しろと。自分の責任で行動しろと。正しいか正しくないかではなく、上から言われたら従えという上意下達が嫌だったんだろうね」

林さんは全共闘世代で、社会党で市議を目指そうと立候補したこともある。保守の藤木さんの人脈では特異な存在だが、五年に一回のレディアンツの恒例行事で顔を合わせたり、近況報告をしたりと、何かあれば連絡を取り合ってきた仲だ。林さんは市民の動きの状況を定期的に手紙で伝えていた。

講演会に呼びかけて市民たちに集まって貰ったのも、二日前に藤木さんから「仲間を呼んで欲しい」と電話があったからだった。

林さんが無党派の市民たちと知り合ったのは、ネットを通してだ。

「共産党は共産党でやってたけど、共産党でもない、既成政党でもない、市民の一人がネットで呼びかけて、行き場のない人達が集ったのが始まりでした。それまではネットで誰が何を言ってるかは知っていたが、顔もどんな人かも知らなかった。私も初めてそこで顔を合わせました。二〇二〇年の年明けのことでした」

林さんもその一員として署名集めに力を入れ、足を使って戸別訪問。一人で一〇〇〇人分も集めている。コロナ禍で難しい環境の中でも、一軒一軒説明して議論したことが、市民が市政を考える機会となり市長選の結果にも及んだと林さんは見ている。

山中竹春氏を擁立

藤木さんが立ち上げたハーバーリゾート協会は資金も用意し、市民との連携も打ち出した。だが、肝心の候補者は、立憲民主党の江田憲司衆議院議員に選定を一任したものの、中々決まらない。菅総理を相手に闘うのと同じことなので、これはと思う人たちも難色を示すのだ。

こうした中で、江田氏は横浜市立大学医学部教授の山中竹春氏に候補者を絞り、藤木さんの支援を取り付けていた。山中氏はデータサイエンスの専門家で、当時コロナワクチンの効果の持続性を研究していた。江田氏は山中氏に何度か会って本人の意向を確認。コロナ禍における候補者として適任だと判断し、出馬を促した。

藤木さんは、六月一六日に開いた港運協会総会の後の記者会見で、「山中さんという人を知らないし、いいとか悪いとか判断できないですよね。ただ、江田さんが推薦した。私は江田さんに任せたんだから。『江田さんが選んだ人を俺はやるよ。港はやるよ』と。それだけのこと」と山中支援を初めて公にした。

直近の世論調査ではカジノ反対が六割を超えていた。地合いは反対派に有利だが、前の神奈川県知事だった松沢成文《しげふみ》氏が立候補の意向を示し始めていた。反対の票が割れれば、民意は最終結果に反映されないかもしれない。

小此木八郎出馬の衝撃

そんな最中の六月一九日土曜日の午後、驚きの一報が入って来た。自民党神奈川県連会長で国家公安委員長を務める、小此木八郎衆議院議員が出馬するというのだ。それもＩＲ

取りやめを掲げて。

これまで法案に賛成してきた菅政権の現職閣僚。それがカジノ誘致を取りやめるとは、一体どういうことなのか。

江田氏サイドに衝撃が走った。江田氏らは、小此木氏が菅総理に反旗を翻して立候補するのかどうか情報を集めに走っていた。ＩＲ反対と言えば、菅総理の方針と真っ向から対立する。総理と袂を分かって現職の閣僚を辞任し立候補するとなれば、これは本気だということで強い候補者となる。カジノ反対で同じ立ち位置となり、争点が潰される。

その場合、江田氏サイドは太刀打ちできないと読んだようだ。

それでも山中氏を擁立して戦うか、小此木氏との調整を図るか迫られる。

だが、菅総理に造反したわけではないことを摑《つか》み、当初の予定通り山中氏で戦うと決めた。

とは言え、カジノ賛成から取りやめに一八〇度の政策転換をし、閣僚の座を投げ打ってまで小此木八郎氏という人が立つというのは想定外の奇策だった。その後、自民党横浜市連の多数と菅総理が小此木氏を支援することになる。小此木氏が出ることで、藤木さんの

三位一体だった菅氏（左）と小此木氏（右）との関係

対応に改めて注目が集まることになる。

三位一体の関係

もともと、小此木八郎氏と藤木さんとの関係は深い。父親の元建設大臣小此木彦三郎氏を国会に送り出し支援し続けたのが藤木さんだ。彦三郎氏の父親で、八郎氏からすれば祖父にあたる小此木歌治氏と、藤木さんの父親、幸太郎氏の親交が厚かった。歌治氏は木材業と倉庫業を営み、代議士も務めた。幸太郎氏がその荷役を請け負い、選挙で応援してきた。

そして、彦三郎氏の秘書を一九七五年から一一年間務めたのが菅総理で、菅総理の政界進出につながった。

以前に撮影された、藤木さんを菅氏と小此木氏が囲む写真があるが、それが象徴するように三位一体の関係だったわけだ。

小此木氏は六月二五日に閣僚を辞任して、出馬の記者会見を行った。

「菅総理にＩＲを取りやめるという話をした。しばらく無言の時間が続いたが、『分かった』と。私は全国のＩＲがだめだという話ではなくて、今の横浜にその環境が整っていないということの想《おも》いで話しています」

カジノの旗振り役である菅総理も了解したのだから、本当に取りやめるのか、当選してから覆すのではないかと当然疑いの目を持たれる。自民党の離党もしないと言う。会見でも追及された。

Ｑ　林市長のように当選したら手のひら返しをするのでは？

「選挙中に訴えていくしかないと思います」

Ｑ　藤木さんが小此木支援に回って菅総理との協調関係を取り戻すことを目指しているのか。

「これはね、そんな簡単な話じゃないんですよ。私の家と藤木家は私で三代目の付き合いになりますから、菅総理とは四五年以上の、私が小学校三年生くらいからの付き合いになりますから、これは兄弟みたいなものでして。敢えて申し上げれば、（藤木さんとは）ちょっと微妙な関係、面倒くさい関係というのはありますから。これで相談していたら私は決意ができなかったと思う。ですから、誰にも相談せずに自分自身の判断で今説明してきたようなことを決めて今日があるということです」

出馬を決めて、藤木さんに電話で伝えたところ、「自分の父親と小此木氏の祖父との絆《きずな》を思い出す」と言われたと明かした。藤木さんの反応が悪いわけではないと言いたかったようだ。

長年の付き合いのある小此木氏がカジノの取りやめを掲げた。藤木さんが小此木氏を支援する理屈は立つ。結果、菅氏との全面対決も回避できる。藤木さんが小此木氏を推すのではないかと憶測は広がるばかりだった。

藤木さんと小此木氏が手を握って小此木氏が勝ったとしても、カジノ取りやめを公約にしたわけだから当面は誘致を控えるだろう。その先は不透明。権力と闘う〝ハマのドン〟の姿を描くドキュメンタリーとしては、すっきりしない結末になるかもしれない――。

この後、菅総理は地元タウン誌で「小此木氏を全面的かつ全力で応援する」と明言した。

藤木さんの迷い

はたして藤木さんはどうするのか。山中支援を決めたが、小此木氏の公約がカジノ反対なのだから、小此木氏で動いてもおかしくない。

だが、藤木さんは、小此木氏のカジノ反対を信用していなかった。

「あれは、政治家だから。もう、ああいう泥沼に足突っ込んじゃってるからね。自分の意見なんてものはないでしょ。誰かに言わされてる人しかいないんですから、あの世界は」

「誰か」というのは、もちろん菅総理のことだ。

この頃、神奈川自民党の長老、斎藤文夫氏は、藤木さんに小此木氏の支援を呼び掛けていた。斎藤氏が言う。

「『藤木さん、小此木は駄目ですか』と言ったら、『駄目だ』と。『IRに反対する小此木八郎でも駄目ですか』と言ったら、『今回は小此木八郎はやらない』と。『市民の署名の反対運動があった。そういうのを無視して政治をやるということは、自民党はけしからん』と言ってたね」

とはいえ、藤木さんにも勝つ確信はなかったのだろう。揺れていると見えることが何度かあった。

「菅君から電話があった。市長選のことですよね、当然。まあ悪しからずってことだよね」

こう明かしたのもこの頃のことだ。

それ以上は内容に言及しなかったが、以前の菅氏についての批判的な言い方に比べて明らかにトーンダウンしている。このまま戦い続けるのか、これはどうなるのかなと感じた。

七月に入って、他にも名の知れた人たちが次々と出馬表明を行った。七月八日には元長野県知事の田中康夫氏が、七月二〇日には前の神奈川県知事の松沢成文氏が会見し、どちらもカジノに反対の立場を取っていた。

一方で、七月一五日には、現職の林市長がカジノ推進で出馬に踏み切った。

山中氏陣営にとっては、小此木氏という強力なライバル候補の出現だけでなく、カジノ反対派が割れたのも不利な構図で、しかも他は知名度が高い候補者たちだ。ただ、山中氏はコロナのデータ分析をやっていた専門家であり、コロナ禍の時代にマッチしていること、なにより他の候補者と違って、政治の臭いがない。あるいは、カジノ反対を訴えても、後に政治的にひっくり返すという懸念を抱かせない。それは強みだ。しかし知名度がないことが最大の弱点だった。

藤木さんは簡単な戦いではなかったと振り返った。

「選挙の常識的な物差しからすれば、勝つ材料がない。向こうは総理大臣で、それまで来ていた市会議員も来なくなった。行政側の人たちも皆向こうに行っちゃってるし。そこに無名の新人。もちろん必ず負けるとは思ってないけど、心理が揺れてる時期だよね」

このまま戦い続けるか

七月の中頃、候補者が乱立し、市長選の行方が混とんとしている時期だ。

藤木さんの普段の姿を撮るために散歩に同行した。愛犬「文太」を連れて近くのコンビニに行くのが日課だ。文太の名前は、仲の良かった俳優、故菅原文太《ぶんた》さんの名前からで、「文太三代目」。

それまでの取材で、何度か、コンビニで一本一五〇〇円するユンケル購入のレシートを見せてもらっていた。コンビニでは、毎日ユンケルと木曜日は『週刊文春』と『週刊新潮』を買うのが定番で、お店の人が用意してくれている。

コンビニの往復を愛犬文太と共に同行する。この日はユンケルの他に、奥さんへのバナナと、ひじきの煮物を手に取って「同じ名前だから。ふじきがひじきを買う……。ふふふ」と言いながらかごに入れる。ユンケルは毎日飲んでいるそうだ。この時藤木さんは九〇歳だったが、これも元気の秘訣《ひけつ》の一つらしい。

菅総理の電話について問わず語りで話したのも、この時だ。

一方、田中康夫氏も藤木さんのところに支援の要請に来ていたそうだ。この二人も古い付き合いだ。

「田中康夫さんは自分が出るって言えば、俺がそっくり、港が応援してくれるものだと思い込んでいた。彼は『港が私と組めば、港が組んでくれれば私は当選できます』と。だから一週間前くらいに来た時、お金がいくらかかる、どうだと。（彼は）選挙のベテランですからね、藤木さんここからここまであんたがやってくれるか、とそういうつもりで来た。そしたら、俺が『どうやったら一番かっこよく死ねるか教えてくれよ』と言ったから呆《あき》れて帰っちゃった。悪いことしたなと思っているところ。やっぱり田中康夫さんとかはみんなよく知っちゃってるからね」

市長選が目前に迫った八月に入ってすぐの外国特派員協会会見で、司会者から山中氏よりも田中康夫氏のほうが適任なのではないかという質問を受けた。

山中氏の支援を決めた過程を説明した上で、やおら次の発言。

「だけど当選するのは八郎でしょ。八郎が当選しなきゃしょうがないでしょう」

えっ?! 告示日が迫る中、白旗を掲げたのかとも取れるような発言で耳を疑った。本音なのか、予防線を張ったのか。あるいは、敵を安心させるための陽動作戦なのか。

後で聞いたら、ここは相手を油断させるための発言だったという。

「そう言っておかないと、相手が油断しないからね。それで相手が油断して『ああ、藤木も諦めているんだな、腹は』と。それで良いと思うんだよ。『俺は死んでも負けねえ』なんて言ってたら、また向こうもそれだけ強くなるでしょう」

市民宅で秘密の会議

心情的には揺れているようにも見えたが、一方で、市民の力に懸けていたことに変わりはなかった。

五月の講演会に市民に来て貰ったことは先に記した。その際に、これからも市民のところに行くから人を集めてとは言っていたが、実際に七月に足を運んでいた。

選挙戦まで残り一か月。候補者が乱立し、政界関係者の間では小此木氏が有利だと見られていた頃だ。

藤木さんの動きを追い、市民の自宅にデジカメを手に出かけた。だが、最初は取材を断られた。選挙前のデリケートな時期に、こうした動きが相手陣営に漏れると、切り崩しにあうことも懸念される。極秘の会合だから、カメラで映像を撮るのは絶対ダメだと。その通りだ。

こちらも、番組の趣旨を説明した上で、映像を流すのは選挙が終わった後で、今日の会合を外に出すことはないと何度も説明し、選挙に向けた大事な場面であり撮らせてほしいと話して、何とか理解してもらった。

まだ全体の構図がよく見えていない中での、パズルの一枚だったのだが、結果が出てから振り返れば、市民との力の融合を象徴するシーンで、貴重な映像となった。

会合が開かれたのは、先述したレディアンツの林定雄さんの家だった。そこには三〇人ほどの市民が集まっていた。講演会とはまた別の顔ぶれで、やはり住民投票の署名集めを行ってきた党派に所属しない人たちだ。

藤木さんは真ん中に座り、市民の一人に「これレディアンツのバッジだよ」と話していた。

いつもは藤木企業の社章を背広につけているが、この日は、紺色の上着に丸い銀色のバッジ。それがレディアンツ三五周年の時に作ったバッジだった。

藤木さんが、横浜市の現状についてこう話した。まるでかつてのレディアンツの勉強会のようだ。

「本当にね、これで横浜市はいいのかなと。操り人形みたいなものでしょう。自分を市長にしてくれたのは菅だ、自分を副市長にしてくれたのは菅だと。皆そういう頭があるから、いいも悪いもないいんだ。言われた通りに動いている」

「ぶれないんだなって」

永田町にも話が及んだ。

「永田町の政治家も質は関係なし。数だ。みんな数になっちゃってる。派閥の数を大きくする。『派閥に入れてください』『ああいいよ、お前はよその政党だけど』『実は別の派閥から声をかけて貰ったので、そっちの派閥に行きます』『分かった。お前、あの問題を抱えていることは忘れちゃだめだよ』と弱みをきゅっとやる。もうこれは両手両足結わかれたな、と。それをみんなやっている」

「一番利口なのは麻生太郎さん。あの人はお金にきれいだし、ここで喋ったらまずいという時は喋らない。永田町はみんなでスキャンダルの握りっこをしてる。だから『お前そんなこと言えた義理かよ。お前そんなこと言うなら俺はこれを喋るぞ』と言ったら、『分かりました』。そういう義理としがらみの絡み合い。だから忖度なんてもんじゃないんだよ。人のためになることをやるのが忖度でしょう。そうじゃないんですよ。自分の身を護《まも》るために喋っちゃいけない。

スキャンダルが新聞にたまに『スクープだ』なんて、スクープどころか三年も前に知ってた、こっちは」

市民からは、山中さんを本気で推すのかどうかの念押しがあった。

——山中さんで市長を取りたい？

「ええ、ええ。皆さん山中さんに会いました？」

——彼はやる気満々ですね。

「そうだよ」

藤木さんが、もう少し山中氏の話をするかと思っていたが、踏み込まなかったので、市民は不安に思ったのではないかと感じた。だが、出席した市民の受け止めは違っていた。

「小此木さんが出たりしたから、藤木さんもちょっとどうなのかしらと。でも、ぶれないんだなって」

林さんによると、集まった市民たちは署名活動で中核を担った人たちだ。林さんはこの日の会合に手応えを感じたようだった。

「ともかく勇気づけられますよ。だって、あまりないじゃないですか。保守の側の人が自民党と対抗してやるんだという場面は。今日来た人たちは、自主的に自分の気持ちで動いてきた人たちだから。人の何十倍も働くんじゃないですか」

初めて選挙活動をする人たち

八月。三〇度を超す真夏日の昼間だった。みなとみらいの高層マンションが林立する交差点。アスファルトの照り返しもあって、立っているだけで汗が出る。市民たち七、八名がビラを配っていた。カジノ反対で立候補を表明した山中氏を紹介するものだ。

林さんの自宅での会合に出席していた市民の何人かに連絡を取り、選挙戦に向けた活動を撮影したいと依頼していた。

なかなかビラを受け取ってもらえない女性がいた。田崎政子さん。麦わら帽子をかぶり、バッグを肩から斜めに掛け、おしゃれだ。無党派の人で、初めてのビラ配りだった。交差点の一角はスーパーマーケットなので、人通りは多い。通行人にビラを配って呼び掛けをするのだが、遠慮がちに配るので、ほぼ誰も受け取ってくれない。

「抵抗はね、やっぱりありますけどちょっと慣れました。受け取らない方が多いので、受け取ってもらえた時は嬉しいですよね」と控えめに話す。

夫の田崎耕次さんは、交差点で演説していた。通信社の科学部記者だった人で、街頭演説はほぼ初心者だ。

「普通に喋るのと違って、慣れないですね。もうまったくの無所属です。傍観者でいるよりは関わってたほうがいいかなと」

田崎政子さんは、四〇歳まではインテリアデザイナーで、耕次さんのワシントン赴任に合わせて仕事を辞め、それ以来専業主婦だ。アメリカにいる時に友人に誘われて、ラスベガスやアトランティックシティに行った。アトランティックシティでは、彼女はスロットマシーンだけやって一〇〇〇円しか使わず、あとはぶらぶらしていたのだが、友人は夫のカードで四〇万円をすったという。そういう光景を目の当たりにしてきたので、山下公園の隣にカジノを持ってくるのは絶対に良くないと思い、何かできないかと考えていたそうだ。

ただ、もともと市民運動をやっていたわけでもないから、どうやったらいいか分からない。ネットで何かできないか探していたら、立憲民主党の県連代表だった阿部知子衆議院議員と真山勇一参議院議員が、「市民の会」を設立するというのを目にして、そこに行ってみた。ただ、その会自体はほとんど機能しなくなったが、そこで知り合った党派に属さない仲間と共に、横浜駅や商店街に出て、住民投票条例を求める署名を集めたのが始まりだったという。

彼女のように、今回のカジノ誘致問題で初めて署名集めを行った人たちは多い。

広がりを見せる行動

私が大学時代によく通っていた喫茶店の女性経営者も横浜市民。久しぶりに連絡を取ったら、住民投票の署名を集める受任者になったと言っていた。政治活動とは無縁の人だったが、林市長の誘致白紙の撤回に怒っていた。これまで黙っていたけど今度ばかりは見過ごせない、と。

その喫茶店は共同経営で、もう一人の女性経営者は藤木さんが出した新聞の全面広告を読んでいた。その通りだと共感し、藤木さんの存在を心強く思ったそうだ。〝ハマのドン〟効果の大きさを実感させられた。

話は逸《そ》れるが、私は経済部時代、企業経営者と会う機会が多かった。政治への批判を開陳する人がよくいた。仕返しを恐れて表立っては言わないが、今の政治状況をおかしいと思っている経営者はたくさんいる。

午後はやはり市民の集まりに来ていた別の一人を追った。

こちらは親しい三人組。相鉄線の二俣川駅近くの住宅街でビラのポスティングをする。仕事終わりの夕方の涼しい時間から手分けしてポストに入れていく。

一人は東京に勤務する男性で一日三〇〇枚程度だが、女性二人は一人一日一〇〇〇枚をこなすという。坂が多いがものともせず、暗くなるまで撒《ま》いていた。二〇時近くでとっぷり日が暮れていたにもかかわらず、一人の女性は、これからまた別の場所に移動して続けるという。

「勝手にやってます。政党からやれなんて一言も言われてない。大体捨てられると思うけど、でも捨てる時もビラを見るじゃない。一〇〇枚入れて、一人が投票に行ってくれたり、一人が選挙に関心を持ってくれたりしたら、それでいいと思います」

撮影はわずか一場面だったが、市内全域で市民たちが自発的に動いていた。たまっていたマグマが噴き出すかのような広がりだった。

さながら自民党神奈川県連大会

二〇二一年八月八日、告示日。台風一〇号の影響で、朝から天気が大荒れだった。

小此木陣営の第一声は、午前一〇時に日銀横浜支店前の予定だった。九時頃に到着して撮影準備を始めようとしたら、雨脚が激しいため、急遽時間と場所を変更するという。

一〇時半から、港運協会がいつも使う「ロイヤルホールヨコハマ」へ。ここには、甘利明氏や河野太郎氏ら神奈川県選出の自民党国会議員がほぼ勢ぞろいした。小此木氏とは同期で仲がいい野田聖子氏や浜田靖一氏も応援に駆け付けていた。神奈川県選出で姿を見せなかったのは小泉進次郎氏くらいだ。

来賓が次々と紹介され、小此木氏の選挙というより、さながら自民党神奈川県連大会のようだ。秋に行われる衆議院選挙が念頭にあるのだろう。翌年の参議院選挙に出馬する予定の片山さつき参議院議員も顔を見せていた。

河野氏、野田氏、浜田氏が挨拶して会場を盛り上げるが、小此木氏の人柄の紹介ばかりで、誰もカジノに触れない。現在もカジノ推進を掲げている自民党の議員だから、小此木氏と一緒になってカジノ取りやめも言えなければ、小此木氏の政策を支持するとも言えない。

海外のカジノ事業者が不満を持った税制案を自民党税調で変更させた、その当事者の甘利氏はこう挨拶した。

「横浜の開港の歴史を担ってきた小此木家から横浜の指導者が生まれようとしている。小此木八郎さん以外に適任者はいません。頑張ろう！」

カジノ反対と言っている小此木氏を、大勢のカジノ賛成者たちが囲んで「頑張ろう！」とやっているのだから、反対に見えるわけがない。有権者から見たら理解不能だ。

当の小此木氏だけは、有権者の感覚を意識した挨拶をしていた。

「どうせ菅さんと結託して当選したら、ほとぼりが冷めたら、もう一回やり直すんだろう。前の人がそうだったじゃないか。これがおそらく有権者の皆様の正直な思いだと。ＩＲという政策を進めてきた張本人がやめると言うのですから、私が」

その場に駆け付けた、自民党元横浜市議会議長の藤代耕一氏は、来た人たちの顔ぶれを見て勝てると確信したという。

「僕くらい他人の選挙を数多くやった人間はいないよ。古くは藤山愛一郎、小此木彦三郎の選挙をやり、菅さんの選挙も手伝ってきた。若い頃から選挙運動をやってきていろんな出陣式に行くが、すごい盛り上がりだった。国会議員、県会議員、それから市会議員が、あれだけやる気になって、あそこに来た。勝てると思うからで、負けると思ったら応援しませんよ。あれだけ揃えば、選挙の常識から言ったら、横浜市の自民党に入れる票は大体三〇%以上はあるから、これは強いなと思いました」

自民党市会議員三六人のうち三〇人が小此木氏を支援し、残り六人は林氏を支援した。ただ、その後、藤代氏は逆風の強さを自覚することになる。

土砂降りの中の山中応援

同じ告示日の第一声。小此木陣営が、日銀横浜支店前から屋内の「ロイヤルホールヨコハマ」に場所を変更したのに対して、山中竹春陣営は、昼になれば少しは雨が弱まるだろうという見込みのもと、開始を二時間遅くして一二時から場所は関内駅に近い馬車道交差点前広場で行った。

告示日。山中陣営は土砂降りの中で第一声

だが、雨は土砂降りのままだった。一般の聴衆は少なく、ビラ配りをやった市民や、市民団体、あとは港の幹部たち。港の幹部たちは必ず、藤木さんをスーツ姿で迎える。この日は日曜日だが、黒いスーツ姿で港の幹部たちが先に到着していた。それも目立たないように、後ろのほうで見守っている。

そこに藤木さんが現れた。野球帽に藤木企業の現場ジャンパー姿。いつものようにそこに集まった人たちに声をかけながらやってくる。

透明傘を横からさして貰いながら二〇分もの応援演説を行った。マイクの調子が悪く、声も割れがちで、聞きづらい。ただ、これは映像となって、写真となって流れる。

一方は、名の知れた政治家が集結して盛り上がるが、屋内での出陣式。一方は、当時九〇歳の藤木さんが雨の中で力強く訴える姿。対照的に見える。

「一〇年、二〇年後の横浜がどうなってるかってことなんだ。横浜の将来は、今ここにいる皆さんが握ってるんだよ。それがね、国の言いなりじゃ困るでしょ」

この一〇日後の八月一八日。ハーバーリゾート協会も山中候補を呼んで決起集会を開いた。藤木さんが港湾の事業者たちに呼びかけた。

「毎日、最低五人とかね、一〇人とか電話してください。なるべく大勢にね。私は若い時からずーっと選挙ばかりやってましたけど、電話は本当に効果があります」

爆発する恨み節

選挙戦初日、現職の林氏が元町商店街で街頭演説を行った。一九七〇年代にブームとなった横浜元町発のハマトラファッション。その代表格、バッグ老舗《しにせ》の「キタムラ」の北村社長が、そこを仕切る案内役だ。キタムラの従業員が動員されていたが、聴衆はまばら。

プラスチックの箱に乗って、林市長が声を張り上げて演説する。こんなに感情的に話せる人なのだと知ったが、それは菅総理への恨み節だった。

「まさに経済成長の一丁目一番地のように日本型のＩＲをやろうと言ったのは国なんですね。それがどうしたんでしょう。急にやらないことになってしまったんです。えーっ、どうして、今まで、だって、やるためにやってきて、もう私五年くらい関わってきましたよ。何の私に断りもなく、『市長、実はね、このＩＲやめることにしたんだ』なんて全然聞いてないんですよ。いきなりそうなっちゃったんです。もう私茫然《ぼうぜん》としちゃいました。これは私は許されないことだと思いました」

市民に対して冷淡だった記者会見と比べて、はるかに自身の感情を露《あら》わにしている。カジノを進めるにしても自身の言葉で丁寧に語っていれば、もう少し市民に伝わったかもしれない。

藤木さんも、署名を集めた市民も、林氏が実は五年も前からＩＲ誘致を手掛けていたことをここで分かったと言う。林市長がＩＲ誘致を表明したのは二年前。三期目をかけて「ＩＲは白紙」として戦った市長選が四年前。実はそれよりも前からＩＲ誘致で動いていたことを、自ら白日の下にさらした。それだけ菅総理に裏切られたという怒りが大きかったのだろう。

テレビ朝日の系列局のプロデューサーたちからは、この映像を見た感想を寄せられた。

「横浜市長を三期務めた人が、まるで泡沫《ほうまつ》候補のようだった。権力者から見放された者の悲哀を感じた」

「態度を変え、一人蚊帳の外の現職市長が、誰にも相手にされず、結局、菅さんにも切り捨てられた選挙の映像は、ピエロのようで悲しさが滲《にじ》んでいるように見えた」

元町商店街はカジノ誘致を応援してきた。北村社長は、林氏と同様に怒りが収まらない様子で、菅総理をカメラの前で痛烈に批判した。

「我々は五年前に彼から言われて、税金を使ってＩＲの準備をしてきたわけじゃないか。こうやって。梯子を外すとかそんな簡単なものじゃない。横浜市民舐《な》めるなよって言うの。バカにするなと言いたくなる。〝ペテン氏野郎〟と平気で言ってやるよ」

手ごたえのない小此木候補

選挙中盤の小此木氏の練り歩きを取材した。

東急東横線の白楽駅沿いの六角商店街。小此木氏の衆議院議員時代の選挙区内にある、地元の中でも最も強い地盤だという。小此木氏は応援する市議や秘書ら六、七人を連れて商店街の店の軒先で挨拶して、店主とグータッチ。何軒も回るが、笑顔で応じる店の主もいれば、困ったような浮かない顔の主も。応援の市議や秘書が通りを行き交う人たちにビラを配るが、手に取る人は少ない。反応が明らかに悪い。

小此木氏に途中で聞くと、「信じてくださいと言うが、疑われてるね。不安に感じてるようです」と率直な受け止め方をしていた。

自民党の元市議会議長の藤代耕一氏は、当時の状況をこう振り返る。

「市会議員自らが、電話作戦から何から何まで全部やってましたよ。市会議員が後援者に自ら会って話をして、ものすごい勢いでやりました。それでも浸透しないんですよ。やっていくうちに逆風に気がついたんですよ。もう電話してもガチャンと切られちゃうわけですよ。自民党というのは後援会組織があって、地域の有力者がいて、そういう人たちが票を下に浸透させていくわけです。そういうところにお願いしに行ったら、今度だけはだめだと言われちゃってね」

ゼネコンにもかかる圧力

総理官邸も動いていたと、藤代氏は話す。

「あの栄光学園から、建設省に行って、住宅局長をやった和泉さんなんかは、相当あちこちに電話したみたいよ。ゼネコンなんかに」

菅総理の信頼が厚かった総理補佐官の和泉洋人氏のことだ。

先に記したが、財務省がカジノをマネーロンダリングの温床にしないよう、税制で厳しい規制をかけようとした時に、「税の世界だけで考えるな」と連絡してきたあの和泉氏だ。

実際はどうだったのか。あるゼネコンの幹部に話を聞くと、「和泉氏から電話で小此木氏をやるよう指示があった」と証言する。もともと、ゼネコン業界では、横浜は本命のラスベガス・サンズと組んでいた大成建設で決まりだと見られていた。ところが、他のゼネコンも手を挙げるよう官邸から働きかけがあったそうだ。

「横浜でＩＲをやるから、お前らも参加しろと言われたんですよ。横浜のカジノは大成なんですよ。菅さんの息子がいるんだから。もう皆そう思っていた。だから我々は競争をしてるように見せる当て馬ですよね。でも、皆でやれと言われて、皆始めてるんですよ。IRをやることに名乗りを上げると、お金もかかるんですよ。イメージ図をデザインして提案書を作って、模型も作って、展示会も出展して。にもかかわらず、小此木さんが出るから、小此木さんを推せと言ってきたわけですよ。今までIRやれって言ってた人たちが、何で今になって、やらないと言ってる小此木さんを応援しろと言ってくるのか。それはねーだろってなりましたよ。今さらなんなんだと」

菅総理をバックにする和泉氏からの指示とは言え、現場からは猛反発の声が上がり、小此木氏を支援する動きは鈍かった。それどころか、「林をやれ」と指示を飛ばす現場もあったとこのゼネコン幹部は言う。

藤代氏も、「和泉さんから電話があったから、下請け集めてお願いしたところもあったかもしれないが、浸透しきれなかったと思いますよ。あまりにも逆風があってね」。

世論調査が逆転する

横浜市長選は、カジノの今後がかかっていること、与野党の正面対決、その後の政局にも大きく影響するということで、自民党、立憲民主党、各メディアが情勢調査、期日前投票の出口調査を数日おきに行っていた。その情報は政党間で駆け巡り、それぞれの陣営、メディアにも出回った。

七月末の調査では、小此木氏二五、山中氏二二、林氏一七、松沢氏七、田中康夫氏二。別の調査では、小此木氏三〇、林氏二七、山中氏二二。小此木氏が山中氏よりもリードしていた。とは言え、リードの差は少なかった。

選挙戦が始まり、いよいよ選挙が本格化した告示四日後。不在者投票の出口調査では、小此木氏一九、山中氏一九、林氏一〇、田中氏六、松沢氏六。小此木氏と山中氏が並んでいた。同じ日の別の出口調査では、小此木氏二五、山中氏三〇、林氏一五。小此木氏と山中氏が逆転する。その翌日の出口では、小此木氏二五、山中氏三四、林氏一四。投開票日の二日前には、小此木氏二一、山中氏四〇、林氏一二。

確かに告示日までは小此木氏がリードしていたが、日を追うごとに小此木氏が劣勢となり、山中氏が伸びて、その差が広がっていった。

藤代氏は振り返る。

「情勢調査もね、最初は良かったの。それがどんどんどんどん悪くなっていった。これまでカジノに賛成してきた自民党の県市会議員、国会議員のほとんどがね、小此木さんについた。それからＩＲを推進した菅さんまでついた。一体全体これはどういうことなんだろうと自民党の支持層にも分からなくなった」

山中候補が圧倒的な勝利

期日前投票の出口調査の数字は、山中氏が日を追うごとに上がっていった。山中氏優位との見方が広がる中、選挙戦最終日、一九時からの桜木町駅前の最後のお願いの場に、藤木さんは姿を現した。

この時の応援演説が、番組や映画の冒頭で使った言葉だ。

「私に言わせるとね、悪いけど、私個人から見ると私と菅の喧嘩なんですよ。私と菅の喧嘩なんです。皆さん、この喧嘩で私は負けたくないから助けてください。よろしくお願いいたします」

「私と菅の喧嘩」という言葉に、演説の場は盛り上がっていた。藤木さんは場所とタイミングと相手に応じて、何を言うか考えて話す。港の仲間うちでは、いつもこの後は菅氏の批判を続けるが、この日は「助けてください」で止めたのだそうだ。

二〇二一年八月二二日。横浜市長選投開票日を迎える。

メディア各社共に二〇時にはゼロ票で当打ちをするだろうという見立てだった。

一九時半頃、藤木さんは山中氏の支持者が集う会場に到着。港の幹部たちを労《ねぎら》いながら、カメラに向かって軽口を飛ばす。

「皆これ港湾のボスだから映しといてよね。誰も知らない人が市長になるって、今までの歴史になかった。よかったね。港がやってくれたんだよ」

二〇時ちょうど、大型のスクリーンに映し出されたＮＨＫには、大河ドラマのタイトルも出ないうちに速報スーパーが出る。

「横浜市長選　立憲推薦の山中竹春氏が当確　首相支援の小此木氏・現職林氏らは及ばず」

会場は歓声に包まれた。

小此木氏が出馬を宣言した当初の予想は大きく覆った。

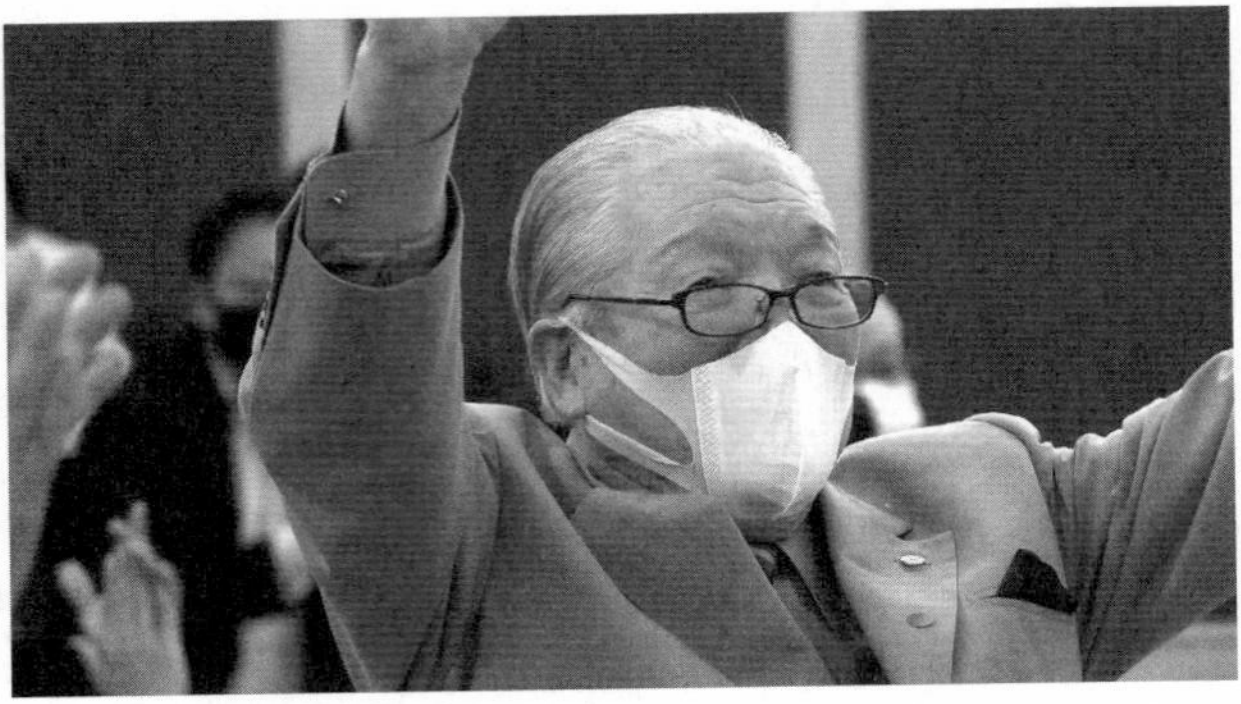
当選の万歳の際に涙ぐむ藤木氏

最終的な得票は、山中竹春氏が五〇万六三九二票、小此木八郎氏が三二万五九四七票、林文子氏一九万六九二六票で、山中氏の圧倒的勝利だった。小此木氏と林氏が割れなければ、二人の票を足して山中氏を超えるので勝てたという声もあったが、カジノ反対の田中康夫氏一九万四七一三票、松沢成文氏一六万二二〇六票を足すと、小此木氏以外のカジノ反対派の票が大きく上回っている。

当選の万歳の際に、藤木さんは顔を赤くして涙ぐんでいた。カメラがその瞬間を押さえていた。各社のカメラが後ろに一列に並ぶ中で、我々のカメラマンはスクリーン横に構えて藤木さんの表情を追った。後ろの定位置からでは決して撮れない瞬間。

後に藤木さん自身も語っている。

「当選した瞬間、嬉しくて声を出して泣いたと思います。久しぶりに。当選の嬉しさに」壇上で万歳三唱。山中氏、江田氏の後に、藤木さんが挨拶。そこで発した言葉が、山中氏当選のニュースよりも話題となった。

「庶民の力がこんだけ強いんだという証《あかし》を、この選挙でみんな分かったからね。皆が力を合わせればできちゃうんだ。菅も今日あたり辞めるんじゃないの。辞めなきゃしょうがないだろこれ。本当に」

首相、退任へ

菅政権は、新型コロナのワクチン接種の遅れなどで、各社の世論調査で支持率が三割前後に落ちていた。そこに足元の横浜市長選で、全面支援した小此木氏が大差で負けた。秋の衆議院選挙が目前に迫っている時期。菅総理で総選挙を戦えるのかという声もちらほら出始めた。

政局に影響を与える選挙として注目されていたが、とはいえ、藤木さんがその言葉を発した時は「ポスト菅」の有力候補がいるわけでもなかった。菅―二階ラインで党内を押さえ、九月に予定されていた総裁選を乗り切るのではないかというのが大方の見方だった。まさか本当に退陣に向かうとは思わなかった。

長年政治に関わってきた者の嗅覚から辞めざるを得ないと思ったのか、後に聞いた。藤木さんは「俺ならとっくに辞めるよな。それはもういられないよ」と、政治家の身の振り方としてそう見たようだ。

実際には、菅総理は総裁選の前に衆議院を解散することで局面を打開しようと模索したが、党内からの反発で断念。次は総裁選を前に人事刷新を断行しようとしたが、それもとん挫した。

解散も打てず、人事も行えないのは致命的だ。急速に求心力を失い、九月三日の総裁選には立候補せず、首相を退任する意向を示した。横浜市長選の投開票日からわずか一〇日余りのことだった。

主権官邸じゃなかった

選挙当日に話を戻す。大事なシーンが幾つもあった。藤木さんが「菅は辞めるんじゃないの」と発言した後に、会場で改めて選挙結果について聞いた。

「主権在民と言うけど、本当に在民で良かった。主権官邸じゃなかった。主権官邸を消して、主権在民を表したのがこの選挙だ。良かったと思います」

瞬間的に本質を捉える言葉が返ってきた。「主権官邸じゃなくて、主権在民」。藤木さんが指摘し続けた言いなりの政治、忖度政治から市民の手に主権を取り戻す。

もう一つ。

藤木さんは会場に集まって来た市民たちに挨拶をしていた。一人の男性の肩を同志のように抱きかかえて言った。

「一般庶民の岩盤を作ってくれた男なんだよ。いや本当に、岩盤があったんだよ」

藤木さんが自宅に足を運んだ林定雄さんだった。その会話を聞きながら、ふと見ると、林さんの胸にレディアンツのバッジがあるではないか。

気づいて指を差したら、林さんが「レディアンツ。つけてきた勝利のバッジ！」と興奮した声を上げた。藤木さんも林さんの自宅でレディアンツのバッジをつけていた。それと同じだ。時間を超えた見えない絆。パズルのピースがつながった。

この林さんのバッジのシーンが撮れたことで、藤木さんと市民をつないだのがレディアンツの仲間だったと、番組の最後に明かす発想につながった。

人と人とのつながりが、人心を動かし、物事を動かしていく。それが目に見える形となった場面だった。予期していて撮れるものではない。

二〇二一年九月一〇日、山中新市長が横浜市議会でカジノ誘致の撤回を宣言した。カジノ誘致は市民の手によって葬り去られた。

番組の最後は、藤木さんが二〇一九年五月の闘いの始まりから言い続けた言葉で締めくくった。

「主役は横浜市民、俺は脇役」

第五章　闘い終えて、映画化へ

崔洋一監督の遺言

「民教協スペシャル」は、番組の放送前に、企画を選んだ審査員とメディア向けの試写がある。二〇二二年二月五日の土曜日が放送日だったので、一か月ほど前の一月一二日に行われた。

審査員は崔洋一監督、森達也監督、作家の星野博美氏。コロナが収束していなかったので、今回は人数を制限してメディアは呼ばず、審査員三名と民教協担当のテレビ朝日役員二名と社員数名で行われた。

試写では、審査員から厳しい指摘しかなく褒められることはない、と事務局から事前に聞いていた。

崔監督の代表作は数多くあるが、「血と骨」では自らのルーツである在日コリアン社会をとことん突き詰めて描いている。森監督は、東京新聞の望月衣塑子記者を追った「i新聞記者ドキュメント」や、オウム真理教信者に迫った「A」など、ドキュメンタリーの話題作を幾つも世に出してきた。星野さんは、著書『世界は五反田から始まった』（ゲンロン、二〇二二年）で家族の来歴を辿るところから近現代史につなげていき、二〇二二年の大佛次郎賞を受賞した。そんな三人が批評するのだから、当然緊張する。

実際に試写を終えて、崔監督から開口一番厳しい評価を受けた。「港の描き方が甘い」。崔監督は、若い頃港湾で働いていたことがあるという。港湾労働は人間の根源を象徴している、レディアンツを削ってでも藤木さんが背負う港湾の世界をもっと掘り下げるべきだ、と。在日コリアン社会のリアリズムを描いてきた崔監督からすると、浅いということだろう。

崔監督の評価が厳しかったからだとも思うが、森監督は「一言で言えば面白かった。テレビが本気になれば、これだけのものを作れる」「レディアンツの場面は僕はいいと思った。ただ、港はもっと突っ込める」。星野さんは「久しぶりに『マスコミの仕事』を見せてもらった」とフォローしてくれた。

かなりへこんだが、面と向かって厳しいことを言ってくれる人は少ない。率直な意見をもらえたのは有難かったし、崔監督の人間社会の根元に迫る姿勢には学ばされた。

その後、懇親会があり、崔監督はすでに体調が芳しくなかったにもかかわらず、お酒を飲みながら最後までお付き合いくださった。試写会からは打って変わって、「さっき話したのは自分の考えだが、視聴者がどう受け止めるかだ。自分の考えが正しいかどうかは分からない。視聴者が番組の評価を決める」。

崔監督は試写の一〇か月後、膀胱がんで急逝された。崔監督の域に達することはできなかったが、この場での批評は私にとって貴重な遺言となった。

森監督は長編を作って映画にしたらどうか、と提案してくださった。

過去一〇年間の最高視聴率に

番組放送は二月五日土曜の午前一〇時半から。テレビ朝日や各局のドキュメンタリー番組の放送が早朝や深夜の中で、いい時間帯だ。視聴率は、最近一〇年間の民教協スペシャルの中で最も高い数字となった。

視聴者からの反響も大きく、テレビ朝日、民教協だけで二一一件ものご意見が寄せられた。通常の番組では二〇件も来れば多いぐらいだ。批判的な意見もあったが、九割以上が藤木さんの生き方に共感する声だった。

「藤木さんの信念と行動力に勇気をもらった」「政治を諦めてはいけない」「ハマッ子の真髄をよくぞ番組にしてくれた」……。

面白かったのは、カジノ事業者の元広報担当者からのＬＩＮＥ。以前は藤木さんの行動にやきもきしていたが、職を離れたこともあって、客観的な感想を寄せてきた。

「藤木さんのファンになりましたよ。元同僚も同じこと言ってました。あの人柄。野球チームの絆とか。港に人生捧《ささ》げてるのがよく分かりました。カジノは誘致したい土地でしかできないですね。菅さんと林文子は強引でした」

事業者が日本からほぼ撤退したので、スタッフの多くは解雇されたが、たいていは高額な報酬の別の外資系企業に転職している。

外資系に勤める人たちの職の移り変わりは速い。ラスベガス・サンズの幹部で、シンガポールのマリーナベイ・サンズの社長であり、安倍元総理を現地で案内し、日本の展示会やプレスカンファレンスに必ず現れたジョージ・タナシェヴィッチ氏。放送や映画でも登場するが、彼も今やサウジアラビアの不動産会社に転職している。このような一過性の金儲けの人たちを相手に、市民が巻き添えを食らおうとしていたのだ。

各方面から感想をもらう

藤木さんのカジノ反対に懐疑的だった霞が関の幹部官僚からは、メールで感想が来た。

「藤木さんのカジノ反対は意外だったが、人間最後は美しく収めたいんだろうなと。人間とはかくも複雑で矛盾を内包し、変異しやすいものなのだろうと思いました」

警察庁の幹部からの感想はこうだ。

「カジノは国益から論ずる空気が強かったが、個別の誘致は『主権在民』で意思決定すべきことだと気づかされました」

ＩＲ推進本部には警察庁からも要員が派遣され、制度設計に関わってきた。「気づかされた」というのには半分驚かされたが。官邸のほうばかり見て、国民が決めるという意識が行政にも薄くなっているのだろう。

映画化に向けて

番組の反響が大きかったのと、森達也監督からの挑戦してみたらという励ましを受けて、映画化を検討した。番組と骨格は変わらないが、藤木さんのカジノ阻止の闘いの記録であると同時に、人と人をつなげる、人心がなぜ動くのかということを群像劇として伝えたい。藤木幸夫さんという人物の記録でもある。

民教協のプロデューサーと担当役員が、背中を押してくれた。ただ、どうやったらいいかが分からない。そもそも配給会社に受け入れて貰えるかも分からなければ、配給会社に当たるにもつてがない。やった人に聞くしかない。

テレビ朝日系列の瀬戸内海放送で「カウラは忘れない」を手掛けた満田康弘ディレクターに以前話を聞いたことがあった。配給会社は「太秦」だと聞いていた。民教協スペシャルで映画化された他局の作品の配給も太秦だった。取り敢えずダメもとで太秦のホームページから問い合わせを行ったところ、「興味がある」と返事が来た。ここから映画化への第一歩が始まった。配給会社が関心を持ってくれたので、次は制作をどうやって進めていったらいいか、テレビ業界でドキュメンタリーを映画化した実績のある人たちに話を聞いて回った。

丁寧に教えてくださったのが、ＴＢＳの佐古忠彦さんとＭＢＳの斉加尚代《さいかひさよ》さんだった。

佐古さんは「ｎｅｗｓ23」のキャスターを務め、最近は映画『米軍《アメリカ》が最も恐れた男その名は、カメジロー』をはじめとして、沖縄が辿ってきた現代史を追い続けている。

斉加さんは以前からの知り合いだ。彼女はドキュメンタリー番組「教育と愛国」で、教育現場が政治によって大きく変質させられつつある事態を描き、映画化した。

佐古さんには映画制作の全体の流れやどうやって作ったか、また斉加さんには著作権の処理や配給、予算の面などを詳細に教えていただいた。

藤木さんはカジノ反対に舵を切り、市民の力と融合して、国策を撤回に持ち込むことをやってのけた。そこには多くの人の力が結集している。それがなぜできたのか。

政府与党が独善性を強める一方で、野党は地盤沈下。世論は無視され、政治と国民との距離が広がることで、政治を諦め、無関心となる。その間に、国の根本が変わるような重要政策の転換が行われる。無関心でいるうちに、社会が少しずつ変わり、手遅れの事態になる。

藤木さんの生き方、カジノ誘致阻止の闘いを通して、社会を形作るために必要なことは何か、今の政治を自分たちの手で変えていくために何が必要なのか、考える機会を作ることができれば――。

制作の計画を立て社内に提案し、二〇二二年五月の連休明けに映画化が正式に決まった。

反対のきっかけを作った人

「世の中私たちの知らないところで、大きくいろんな人がいろんな形で動いている。信頼する人たちを作りましょうよ。私は今度の選挙で、山中さんの選挙で、本当にねぇ、もう政党なんて関係ないんだなということをしみじみ感じました」

藤木さんがこう市長選を振り返って、言及した「信頼する人たち」。

藤木さんは当初カジノ誘致に前向きだったが、カジノ反対に舵を切る後押しをした人たちがいる。その一人は、同じ自民党の盟友だった。先述した元参議院議員の斎藤文夫氏だ。二人はよく連絡を取り合っている。

「斎藤先生から電話があって。依存症が酷いから専門家から話を聞いたほうがいいと。あの一本の電話に、本当に私は救っていただいたなというふうに今感じています」

神奈川の自民党長老の斎藤氏は、横浜市長選では小此木氏を応援し、第一声にも駆け付けている。甘利さんの隣で、司会者からも名前の紹介を受けていた。

斎藤氏はこう振り返る。

「私なんかちゃんと陣中見舞い相当量持って行きましたよ。推薦葉書もずいぶん書いてやったんだよな。五〇〇枚書いたかな。肉筆で。小此木八郎、小此木八郎よろしくって」

藤木さんにも小此木氏を応援するように呼び掛けていた。その斎藤氏が、藤木さんにカジノが問題だと教える役割を果たしていたのだ。

「これはね、まず下地があって、私は（旧制）中学が県立横浜一中。川崎から通ったんです。私には、第二の故郷横浜への思いがある。その立場から見ると、山下ふ頭というのは、横浜の港だけじゃなくて、横浜全体の顔なんです。その横浜全体の顔のところにね、カジノというのはおかしいんじゃないかと。

國學院大學の今名誉教授をしている私の友人がその弊害を語ってくれた。私も聞いてびっくりした。ＩＲなんて調子いいから、いいとなっちゃうんだが、いかに陰に隠れて悲劇が起こるか、世界の実情はどうなのかという話で。

それで藤木さんに早速お引き合わせして、一緒に食事して、皆さんに講演を聞いてほしいと言って、港の人たち三〇〇人ぐらい集まったかな。いかに弊害があるかしみじみと、聞いた人は痛感したと思うんです」

実際には六〇〇人集まったそうだ。

横浜港運協会で依存症についての勉強会を開いたのは、二〇一八年三月のこと。藤木さんが菅氏に宣戦布告する一年半も前のことだ。

「確かに私のご紹介による依存症の話は、藤木さんに非常に決断させる、踏み切らせる一つにはなったかもしれませんね」

想定外だったこと

ただ、市長選が終わった今、カジノ構想がなくなったはいいが、藤木さんが菅氏と最後まで闘い通してしまったことは想定外だったようだ。

「僕は小此木八郎が立候補して『博打はやらない』とまで言ったから、藤木さんが少しはブレーキがかかると思いきや、残念ながらかからなかった。実は内心困ってるんですよ」

斎藤氏の事務所には、菅氏とのツーショット写真が飾られている。

「私は菅と昵懇《じっこん》なんです。本当に菅さんとは『おい』『やあ』なんだ。菅さんをあそこまで蹴っ飛ばすということは、よほどのことで、だから困ってるんですよ。これだけは、藤木さんに何とか考えてもらって、まあ、自民党くそ食らえかもしれないけど、自民党だってそんな悪い人ばっかりじゃない、みんな、藤木さんと志を共にして頑張ってきた人も横浜にはたくさんいるんですから、何とか方法がないかなと」

その後、藤木さんと斎藤氏が出会う場面があった。この時、藤木さん九一歳、斎藤氏九二歳。

藤木「この人は俺の兄貴でね。今俺が頭上がんねぇのはこの人だけ」

斎藤「自民党が蹴っ飛ばされてるから困ってて」

藤木「自民党が悪すぎるよ。いや、本当、先生、悪すぎるよ」

斎藤「そうかなぁ」

藤木「だって、俺は自民党の党員なんだから。党員が言うんだから、本当」

リスク覚悟で協力を申し出た人

カジノ設計者の村尾武洋氏も「信頼する人たち」の一人だ。

藤木さんは、カジノ側にいながらその実態を記者会見で公にしてくれた村尾氏のことを、ことあるごとに紹介している。

「彼は見ず知らずの私に連絡してくれたの。来てくれましたよ。飛行機でわざわざ」

知り合いでもなく、誰かから紹介を受けたわけでもない村尾氏。なぜ藤木さんに協力しようと思ったのか。ニューヨークでの取材で聞いた。

「ユーチューブでANNというニュースをやっていて、横浜のカジノの話の中で、藤木さんという人を初めて見たんですけど、『俺の目の黒いうちはカジノは一切やらせない』『横浜の将来のために、子供にとって良くないものがあるべきじゃない』と。この人だな。この人だったらやりたいな、と。他の政治家は、全然心に来ないですよね。言葉って魂があるじゃないですか」

ANNニュースというのは、テレビ朝日系列のニュースである。村尾氏が行動するきっかけとなったニュースは、二〇一九年七月に放送された「サンデーステーション」の特集で、私が手掛けたものだった。

当時、ことあるごとにカジノ誘致のニュース、特に横浜カジノ誘致での藤木さんの動きを取り上げてきた。内容が同じになってしまわないよう、その都度新しい要素を入れた。立教大学がＩＲのシンポジウムをやろうとして豊島区が後援を降りたり、大学内からも批判を浴びたりしたニュースを放送したのもこの頃のことだ。

その一つが村尾氏の目に留まり、それから藤木さんのニュースをいくつも見て調べたのだという。手掛けたニュースが、次の動きにつながることは感慨深い。情報が溢《あふ》れる時代に、メディアの地盤沈下が言われて久しい中で、信頼できる責任あるニュースを出していくという原点を自覚させられる。

直筆の手紙からつながる

村尾氏の話に戻す。彼はどのように藤木さんとの接点を作ったのか。

「できることなら、僕の今までの経験で見たこと聞いたこと、それからいいこと悪いこと、その辺を藤木さんとシェアできればなと。それで少しでも役に立てればなと、手紙を送ったんですよ。この人たちの世代はEメールじゃないなと。プリントでもないなと。手書きだろうと。どこの馬の骨か分からない僕の手紙を読んでもらうには、カタログと名刺を入れて。仕事をやった現場のリストも。それを一緒に封筒に入れて送ったんです。

でもそれ、返って来ないと思ったんですよ。まあ見てももらえないだろうし。会社の住所に送ったので、誰かが見てピッと捨てるくらいだろうからと思ったら、直筆の手紙、筆で書いたこういう巻物みたいな手紙が来て、日本にぜひ来てほしいと。会見があるのでその時に話をしてほしいと。

飛行機の予約を取って、日本に帰って、藤木さんの右腕の方たちと会見をしたんです。藤木さんがこう言っている間にやらなければ意味がないなと」

藤木さんの覚悟が画面の映像を通じて村尾氏を動かし、その思いを受け止めた藤木さんが直筆の手紙で彼を呼び寄せる。一つ一つの行為がつながっていた。

内部告発とまでいかなくても、内部の事情を明かすのは相当な覚悟のいることだ。公にしたからといって、国家権力が推し進めるカジノ誘致が覆されるかどうかは分からない。それでも、何らかの形で藤木さんに協力し、日本の状況を変えたいと行動することが社会を動かす。

業界から締め出されないか。業界を売るようなことにつながるのではないか？「そうですよね。うちの家族全員日本在住ですけど、『いいのそんなことして？　仕事なくなっちゃわない？』。でも、それよりも、大きいものってあるじゃないですか。一度開いちゃった門は閉まらないんですよね。止める時に止めないと。仕事がなくなったら、それはそれでしょうがないなと思ったんですよね。それよりも、何て言うのかな、あるじゃないですか。時代ごとに、できる人間がやらなきゃいけないことって。これはその一つだなと思ったんですよね、日本にとって」

村尾氏は、私の取材もリスク覚悟で応じたと話した。日本を支援したい、その一心からだと。カジノ反対に役立ててほしいと――。

艀《はしけ》つながりで出会った人

港のつながりも藤木さんを支えた。戦後しばらく続いた艀での水上生活。学校に通うのもままならなかった艀の子供たちのために一九四二年に作られたのが、山下ふ頭に近い丘

児童養護施設の理事長を務める稲本誠一氏

の途中にある「日本水上学園」という全寮制の学校だ。

今は児童養護施設になり、家庭内暴力やネグレクトなどで行き場がなくなった子供たちのシェルターにもなっている。藤木さんはカジノ反対に動き出した二〇一八年二月にこの施設に自ら足を運んでいた。

理事長の稲本誠一氏が話す。

「藤木さんご本人から直接電話がありました。親がギャンブルにはまって、子供が育ててもらえないことがあると思うが、話を聞きたいとお申し出がありましてね。どれだけお役に立つか分かりませんけど、おいでくださいということで、藤木さんがここに来ることになったんです」

稲本氏によると、藤木さんは、カジノができれば生活破綻をきたす家族がますます増えるんじゃないかという危機感を持っていたそうだ。

稲本氏は、親がギャンブルにはまる家庭の実態を説明した。

「親が競輪や競馬にはまると、仕事をしなくなったり、できなくなったりして、経済的に困窮してくる。育児や教育に関心を持たなくなってしまう。そうなると、子供はちゃんと食事も与えられないし、幼稚園に行かせるとか、学校に行かせるとか必要な教育も受けられなくなってしまう。時には苛立《いらだ》ったりして、暴力が出てくる。夫婦関係がギクシャクして離婚になってしまい、それで子供がこちらに来たりする、ということはお話ししました」

人脈も知識も広い藤木さんからすれば、分かっていたことだと思うのだが。稲本氏はこう語った。

「藤木さんというのは、誰かを通して情報を得るのではなくて、自分の目と耳とで直接知って、聞いて、納得したいということだと思います。その上で、自分としての考えを固めて、発言する方だと思いますよ。だから説得力があるんだと思います」

「名月赤城山」再び

映画にも登場する亀井静香氏との懇談シーン

映画には、藤木さんと亀井静香氏が乾杯するシーンがある。会合に亀井静香氏も飛び入り参加するというのでカメラを持ち込んだ。

食事をしながら懇談する二人をデジカメで撮り続けた。

なかなか撮れないシーンなので撮影していたら、やおら亀井氏が「名月赤城山」を歌い始めた。

「♪男ごころに男が惚れて〜」

テレビ番組でのインタビューの時と同じ、歌というより節に近い。

人が動くとはまさしくこの歌の文句そのものだと思う。

歌詞は男だが、性別関係なく、人の心意気に人が惚れる、それが斎藤氏であり、村尾氏であり、稲本氏であり、多くの市民の行動だった。相互に作用し合って、物事は前に進んで行く。何気ないシーンだし、亀井氏の冗談で話は展開するのだが、この歌詞に本質があるのだと思う。無党派市民が集まった時に、先述の田崎政子さんが「惚れちゃうと応援するのよ」と言っていた。それも同じことだ。

私も同じ思いを込めて映画の最後も藤木さんのこの言葉で終えた。

「『ああ今日も生きててよかったな』。そういう横浜にしたいの。幸せに生きなきゃだめだよ。じゃあ幸せって何なんだ。人間は一人でいる時は実は人間じゃないんだよ。人間は相手がいて初めて人間になれる。二人以上いる時が人間になる時なんだ。だから相手にも幸せな思いを与えるように努力する。また向こうからも幸せになるように助けてもらったり、いろいろあるでしょう。一人では人間とは言えません。皆さんは幸せなことに仲間と来てるものね、今日は。大事だよ」

活動を続ける市民たち

住民投票条例を求めて一九万超の署名を集めた市民たちは、今も走り続けている。政党や団体ではなく、個人の集まり。散り散りになったらそれきりだということで、署名集めから市長選に至るまで活動の記録を一冊の本にまとめようとしていた。

他の自治体の市民に活用してもらえたらと、自費出版ながら図書館に収めるだけでなく、多くの人にすぐに手にしてもらうために、でき上がったらアマゾンでの販売も行うのだという。

女性たちは、市議会の傍聴も始めた。女性たち七名でチームを作って。男性が加わる日もある。女性チームは市議会がある期間は、一週間に二回、三回と、重要なテーマの時に足を運んでいた。田崎政子さんもその一人だ。実際の現場に「監視に行く」という姿勢が新鮮だ。

コロナ禍では、市議会の傍聴席にも数の制限がかかっている。傍聴希望者が多いと抽選となる。女性たちはその抽選に当たるかを心配しながら待っている。普通は自治体の議会傍聴席が埋まることはほとんどない。取材で同行した際も、カジノの最終報告発表のような大事な場面でも傍聴席は空いていた。国会でもそうだ。

メンバーには、市議会の傍聴は初めての人が多い。仲間がいるから続くのだという。確かに一人だと、相当な意志を持たないと続かないが、仲間と聞きに行けば、終わった後も議論ができる。次の行動にもつながる。市議会は一日中続くことも多いが、昼は皆でランチを食べに出かけるのも楽しみだ。

傍聴の最中は、皆熱心にメモを取っていた。要点だけを書きとめる人もいれば、発言のほとんどをぎっしりメモする人もいる。議事録が出る前に自分で調べるのだという。

まだまだ安心はできない

今や、政党に対して政策面での申し入れも行うようになった。田崎政子さんは、横浜市長選が終わった後の二〇二一年一〇月の衆議院選挙では、候補者の演説をスマホで撮ってツイキャス配信までやるようになっていた。道具も買ったそうだ。相変わらず謙虚に、「うまくできないんです」と言いながら。

二〇二二年五月に開かれた市議会の「財政ビジョン特別委員会」。この日は朝から暴風雨の荒れた天気だった。それでも男性を入れて八人が揃った。この日は横浜市の財政運営についての議論だった。質問に立った自民党市議は、山中市長がカジノ誘致の撤回を行ったことをまだ非難していた。

「特定複合観光施設いわゆるＩＲでは、雇用の創出、地域経済や観光振興などさまざまな効果が見込まれていました。横浜市に大きな収入をもたらしただろうことは疑いようがないと今でも思っています。将来の大きな財源を失ったという意味において、山中市政がマイナスからのスタートを自ら選んだと言っても過言ではない」

傍聴した市民たちの懸念は、三年後にある市長選挙で、自民党が今の山中市長を再選させず、またＩＲを持ち出すのではないかということだった。

実際、自民党の一部や横浜市の経済界の一部には、次の市長選で別の候補者を当選させて、再度ＩＲを誘致しようという声が内々に出ている。

カジノ実施法では、カジノの数は国内最大三か所。現状、手を挙げているのは大阪と長崎の二か所。だが、さらに増えても、最初の認定から七年後にカジノ数を増やすことができる見直し規定が入っている。

横浜市、事業リスクを認める

二〇二二年九月、山中市長がカジノ撤回を宣言してから一年後。横浜市がカジノ誘致に関する検証報告を発表した。

そこで横浜市は「IRは日本で初めての試みであり、不確定要素が多く、効果について期待通りにならない事業リスクがあった」ことを認めた。その上で、具体的なリスクをいくつも挙げている。

① 経済効果の下振れリスク
② オンラインカジノの台頭
③ 新型コロナウイルス感染症の流行の影響
④ 周辺地域のインフラや交通環境の整備に関する費用
⑤ ギャンブル依存症の対策費用（カナダでは七〇億円、ラスベガスのある米ネバダ州では五二億円）

①の経済効果は、ＩＲ誘致が必要だとする最大の理由として掲げられてきたもので、カジノ誘致を決めた際に横浜市が市民に提示した増収効果の額は、年間八二〇億円～一二〇〇億円。毎年約五〇〇億円超の法人市民税をはるかに上回っていた。ところが、外部有識者が、一人あたりの単価や訪問客数、海外の事例などをもとに試算したところ、コロナ禍前の段階で、三〇〇億円にまで下振れするリスクがあるとされた。②～⑤のリスクを入れれば、増収効果はより少なくなるとしている。

これでは、粉飾まがいの数字だったと言ってもいい。

さらに、市議会で追及された平原敏英副市長は、市が提示した数字が当てにならないものだったことを認めた。平原氏は菅元総理に近いとされた人物で、横浜市でのカジノ誘致の旗振り役でもあった。

「今回いろいろご指摘されてますように、下振れリスクもございました。収益のですね。それから負の費用といいますかね、ございました。その辺まで、ちょっと私どもも、ヒアリング中心に数字を組み立てたこともあってですね。まあ、はっきり言うと、本当のところはどうだったかというのは、今から振り返れば分からないところもあります」

カジノ誘致もさることながら、行政の根幹が崩れ去るような答弁だった。

この横浜市の最終報告は他の自治体にも参考になる。カジノの経済効果の数字を見るにあたって、事業者の数字だけではいい加減だということを行政が認めた証左となる。

この報告の後、山中市長は記者会見でこう話した。

「コロナ感染症による影響、さらにギャンブル依存症対策にかかる費用、また周辺地域向けの費用なども発生すると思います。こういった負の効果も考慮した場合に、最終的な経済効果は三〇〇億円から、さらに大きく下振れする可能性があったというのが、第三者の試算結果でありました」

「いくつかの現実的な設定を仮定して試算を行ってみることが必要だったと考えておりますし、また負の効果も適切に検討した上で差し引き、つまり最終的にどれくらいの経済効果があり得たのかに関する市民への情報提供が必要だったと考えております」

大阪はどうするのか

負の費用がどのぐらいに上るのか、カジノ誘致を進める大阪府と大阪市で表面化してきている。

大阪の事業者は、アメリカのＭＧＭリゾーツ・インターナショナルと日本のオリックスとの連合だ。ＩＲ事業者を選定した後に発表された年間の増収効果は一〇六〇億円、雇用創出効果は九万三〇〇〇人、経済波及効果が一兆一四〇〇億円。大阪府市と事業者らによる算定数字である。

だが、ＭＧＭ側の要望で、計画地の「夢洲《ゆめしま》」の液状化対策や土壌汚染対策など約七九〇億円もの莫大な費用を大阪市が負担することになった。

カジノ設計者の村尾氏に大阪市の負担のことを聞くと、こう意見した。

「カジノ側が本来出すべきでしょう。自治体が出すんじゃなく、カジノがやりたいんだったら出しなさいよ、逆でしょう。こっち（米国）では、法律を緩和してあげるというのはありますけど。例えば道を変えるのに楽なようにとか、許可を出しやすいようにしてあげるというのはありますけど、税収が入るので。でも、自治体がお金を出してインフラ整備をするというのはないですよね。自治体がその軟弱な土地を直して、カジノさんが入っていらっしゃるので、仕事をやりやすいようにしてあげましょうなんて、考えられないですよね。頭おかしいですよ。その日本の政治家、手玉に取られてるってやつですよね」

民設民営で経済振興と言いながら、結局は税金をつぎ込んで、さらなる負担も生じかねない。国のカジノ構想をめぐる歪んだ構造を象徴するような話だ。

映画が完成

二〇二三年二月に映画は完成した。映画は、藤木さんの闘いとともに、これまで紹介してきた藤木さんを取り巻く人たちの群像劇として描いた。

ナレーションは、番組と同じリリー・フランキーさん。リリーさんの著書『東京タワー』で描かれている炭鉱とオトンの話は、港町の藤木さんとどこかオーバーラップするところがある。リリーさんの淡々とした、かつ深みのあるナレーションは、目の前で起きた出来事から距離を置いて客観的に描くのにはまっている。

映画は映像を作って終わりではなく、パンフレットを作る作業もある。映画の解説では、元朝日新聞政治部で特別編集委員だった星浩さん、ノンフィクションライターの森功さん、文中でも紹介したが、藤木さんの闘いを「死者との共闘」と書いた東京工業大学の中島岳志教授に書いて貰った。また、「ニューステーション」で一緒に仕事をした元司会者の久米宏さんも原稿を寄せてくれた。

この作業の過程で、藤木さんの幅広い交友関係を改めて知ることになる。

藤木さんがよく足を運ぶ横浜中華街のお店にシウマイで有名な「清風楼」がある。社長の吉田恭子さんにもインタビューを申し込んだ。清風楼は、作家の池波正太郎が好きだったことから「文豪が愛したシウマイ」として有名だ。実はその何十年も前から藤木さんの父親・幸太郎氏のひいきの店であり、港の親方たちが通った「港が愛したシウマイ」だった。全国に名前が知れたのも、港湾関係者が全国にお土産として持って行ったからだそうだ。このお店での藤木さんの定番は、「かに玉」「酢豚」「八宝菜」の三品とのこと。

もう一人お願いしたのは、横浜高校野球部を全国屈指の強豪校に育てた元監督の渡辺元《もと》智《のり》さんだ。松坂大輔を擁して春夏の甲子園連覇を達成、多くのプロ野球選手を輩出してきた。野球を通して人生を学ばせる手法が知られている。

渡辺さんが師と仰ぐのが藤木さんで、五〇年を超えて薫陶を受けてきたと言う。春夏の甲子園で優勝し通算四四勝まで連勝記録を伸ばした後に、ＰＬ学園に敗れて記録が止まった時に、藤木さんから「負けておめでとう」と言われたそうだ。高校生で勝ってばかりいると見失うものがある。負けてこそ教訓があるということだそうだ。

映画は二〇二三年五月に新宿ピカデリー、ユーロスペースで封切られ、全国で順次公開される。

映画は番組の制作チームがそのまま移行した。カメラマンの金森之雅さん、サブカメラと音声の花山陽子さん、照明の鈴木正隆さん、編集の東樹大介さんだ。千葉史子さん、村田奈緒子さんにも多大な協力を頂いた。プロデューサーは同期の江口英明さんと民教協の雪竹弘一さん。雪竹さんは映画化の背中を押してくれた。多くのスタッフが力を合わせて実現した。

おわりに

二〇二三年が明けて、一月四日に横浜港運協会の賀詞交換会が、いつものロイヤルホールヨコハマの「ヴェルサイユの間」で開かれた。コロナ禍の人数制限を二年ぶりに外して、五〇〇名ほどが集まり盛況だった。

カジノで対立した横浜商工会議所の幹部たちも出席し、雪解けし始めていた。藤木さんの挨拶にも予兆があった。

「カジノでちょっとね、良い仲が悪くなった関係も二、三あったけども、ちゃんと元へ戻っています。これが組織対組織だったら違いますよ。組織対組織だったらしたくない喧嘩もしなきゃならない。これが国と国の関係ですよね。私は横浜の経済人、横浜の政界・政治の人たち全部、今、元へ戻って無色透明になって明るい付き合いを再開しています」

賀詞交換会の二日後、ある自民党の元市会議員から一報が入って来た。

この日、藤木さんのもとを菅氏が訪れて、謝罪したというのだ。
その兆候は、前年の秋からあった。二〇二二年一一月に前衆議院議員の松本純氏がパーティーを開いた。

菅前総理のほか後ろ盾の麻生太郎自民党副総裁をはじめ、政権幹部が集結した。そこに、藤木さんも招かれていた。松本氏が、藤木さんと菅氏の関係修復を取り持とうとしたのだが、この時は藤木さんは欠席している。

その動きの中で、一月六日に菅氏が藤木さんのもとに足を運んだ。

一報を受けた時は、映画の制作もほぼ終わり、当日は配給会社への試写会を開く段階だった。

政治はいつどう動くか分からない。手を結ぶこともあれば、対立することもある。手打ちがあってもおかしくないが、その場であったのかなかったのか、それはもはや、大きなことではなかった。

ドキュメンタリー番組を作るにあたって、藤木さんが最後まで闘えるかどうかが最大の懸念事項だったが、最後まで信念を貫いた。闘いに勝利し、カジノ誘致は葬られた。世に問うメッセージは完結していた。

カジノ誘致の行方を取材する中で、藤木さんという稀有な人物に出会うことになった。昔の時代で言えば、俠客なのかもしれない。今の時代、情報があふれ、価値観が多様化し、分断がなされる中で、貴重な存在に思えた。

藤木さんの長い人生の中では短期間だが、カジノ阻止の闘いを追い、その生き方や背負う時代を取材する機会を得た。

時代背景や人生の経験に隔たりがあっても、その断片を参考にしたり学んだりすることはできる。

藤木さんは自身の生き方を「人情長屋」という言葉で喩《たと》えているが、失われつつある義理人情恩返しの世界を共有し、今に生かすことができたらいい。また、一人一人が社会に対してどう向き合っていくのか、人を大切にすることの原点とは何か、それを今の社会に問いかけたいと思って本書を著した。

本書の執筆は、ＭＢＳの斉加尚代さんに背中を押して頂いたことがきっかけです。集英社新書編集部の藁谷浩一さんには多大なる助言を頂きました。お二人に心からお礼を申し上げます。

二〇二三年二月

松原文枝

参考文献

藤木幸夫『ミナトのせがれ』神奈川新聞社、二〇〇四年
藤木幸夫『新・波止場通信　世の中万事ネアカでなければ』エフエムヨコハマ音楽出版、二〇一〇年
白土秀次『ミナトのおやじ　藤木幸太郎伝』藤木企業、一九七八年
祖父江一郎『ある沖仲仕の生涯　古きミナトの秘話』疾風怒濤社、二〇〇五年
祖父江一郎『ミナト・ヨコハマ親子情話　ある家族の肖像』疾風怒濤社、二〇〇六年
田代昌史『敗戦から立ち上がった少年たち』ヨコハマともだち会、二〇一九年
鳥畑与一『カジノ幻想「日本経済が成長する」という嘘』ベスト新書、二〇一五年
ジェイソン・ハイランド『ＩＲで日本が変わる　カジノと観光都市の未来』角川新書、二〇一九年
田岡一雄『完本　山口組三代目　田岡一雄自伝』徳間文庫カレッジ、二〇一五年
宮崎学『山口組と日本　結成１０３年の通史から近代を読む』祥伝社新書、二〇一八年
猪野健治『山口組概論　最強組織はなぜ成立したのか』ちくま新書、二〇〇八年
『週刊金曜日』二〇一九年一一月一日号

【年表】

1999年	6月	石原慎太郎都知事が「お台場にカジノを」。
2010年	4月	超党派による「IR議連」結成。
2012年	2月	ラスベガス・サンズのシェルドン・アデルソンCEOが講演で日本進出に意欲。 「なぜ日本でカジノができないのか理解できない」
	12月	第2次安倍晋三内閣発足。
2013年	12月	自民党、日本維新の会、次世代の党が議員立法で「カジノ解禁法案」を国会に提出。
2014年	5月	安倍総理がシンガポールのIR施設「マリーナベイ・サンズ」を視察。
	9月	藤木幸夫氏が金融ブローカーや商社らとカジノ勉強会。
2015年	4月	横浜港運協会拡大理事会。 藤木氏は「山下ふ頭開発で地元への利益還元が見込めない海外企業進出に反対」。
	7月	藤木氏が菅官房長官と会談。「本当にカジノをやるのか？　やるなら俺がやる」
2016年	12月	「カジノ解禁法」が成立。
2017年	2月	安倍総理が訪米。地元経済界との朝食会でアデルソンCEOらも同席。 安倍総理がトランプ大統領と初の首脳会談。
	5月	横浜港運協会拡大理事会。藤木氏は「山下ふ頭はカジノをやらない」。
	7月	林文子市長3期目当選。「IRは白紙」
2018年	2月	藤木氏が児童養護施設「日本水上学園」を訪問。ギャンブルの悪影響を知る。

	3月	横浜港運協会が「ギャンブル依存症を考える」勉強会。約６００人が参加。
	7月	政府提案の「カジノ実施法」が成立。カジノが刑法の賭博罪から外される。
２０１９年	5月	藤木氏がカジノ反対の新団体「ハーバーリゾート協会」設立を宣言。
	6月	「ハーバーリゾート協会」設立総会。
	8月22日	林市長が白紙を撤回し、ＩＲ誘致を正式表明。
	8月23日	藤木氏が緊急記者会見。「命を張っても反対する」
	12月	ＮＹ在住のカジノ設計者、村尾武洋氏が横浜市内で記者会見。カジノの実態を公にする。
２０２０年	2月	ダイヤモンド・プリンセス号で新型コロナウイルス感染が初めて確認される。
	5月	本命とされたカジノ事業者の米ラスベガス・サンズが日本撤退。
	7月	ラスベガス・サンズ業績報告会で、アデルソンＣＥＯが財務省の源泉徴収課税に反発。「規制を変更すれば日本に戻ってもいい」
	8月	米ウィン・リゾーツが横浜事務所を閉鎖。
	8月24日	菅官房長官が藤木氏の会社で面会。手打ちかと憶測を呼ぶ。
	8月28日	安倍総理が辞意を表明。
	9月	横浜市民が住民投票条例を求める署名を集め始める。
	9月16日	菅義偉内閣発足。
	12月	自民党税制調査会で外国人客からは源泉徴収しないことを決める。
	12月	市民が横浜市に住民投票条例を請求。法定数の３倍を超える署名19万３１９３筆を提出。

2021年	1月	横浜市議会で自民・無所属の会、公明が反対し、住民投票条例案を否決。
	2月	藤木氏が「極秘選対会議」を開き、立憲民主党や学者らと候補者擁立を探る。
	4月	ハーバーリゾート協会総会。資金は「1億5000万円」。
	5月	藤木氏が自らの講演会に署名を集めた市民を招く。
	6月25日	国家公安委員長の小此木八郎氏が横浜市市長選に出馬表明。
	6月29日	立憲民主党や市民が推す山中竹春教授が出馬表明。藤木氏が支援に回る。
	7月8日	元長野県知事の田中康夫氏が出馬表明。
	7月15日	林文子市長が4選出馬表明。
	7月20日	元神奈川県知事の松沢成文氏が出馬表明。
	7月29日	菅総理がタウンニュースで小此木氏の全面支援を表明。
	8月8日	横浜市長選告示。
	8月22日	横浜市長選投開票、山中竹春氏が勝利。
	9月3日	菅総理が自民党総裁選に不出馬を表明、総理退任へ。
	9月10日	山中新市長が横浜市議会で「IR誘致の撤回」を表明。
2022年	9月	横浜市がIR検証報告。「カジノは期待通りにならない事業リスクがあった」
2023年	1月6日	菅前総理が藤木氏の会社を訪問。
	4月9日	統一地方選で横浜市議会議員選挙が行われる。

松原文枝（まつばら ふみえ）

テレビ朝日ビジネスプロデュース局イベント戦略担当部長。一九九二年政治部、経済部記者を経て、『ニュースステーション』『報道ステーション』ディレクター。二〇一二年からチーフプロデューサー。一五年に経済部長、一九年から現職。報ステ特集「独ワイマール憲法の〝教訓〟」でギャラクシー賞テレビ部門大賞、「史実を刻む」などドキュメンタリーではアメリカ国際フィルム・ビデオ祭銀賞、放送人グランプリ優秀賞。二〇二〇年放送ウーマン賞。専修大学文学部ジャーナリズム学科特任教授。

ハマのドン 横浜《よこはま》カジノ阻止《そし》をめぐる闘《たたか》いの記録《きろく》

二〇二三年五月二二日 第一刷発行
二〇二三年九月一八日 第三刷発行

集英社新書一一六五B

著者……松原文枝《まつばらふみえ》
発行者……樋口尚也
発行所……株式会社集英社
東京都千代田区一ツ橋二-五-一〇 郵便番号一〇一-八〇五〇
電話 〇三-三二三〇-六三九一（編集部）
〇三-三二三〇-六〇八〇（読者係）
〇三-三二三〇-六三九三（販売部）書店専用

装幀……原 研哉
印刷所……大日本印刷株式会社 凸版印刷株式会社
製本所……加藤製本株式会社

定価はカバーに表示してあります。

ISBN 978-4-08-721265-5 C0231

Printed in Japan

a pilot of wisdom

社会——B

a pilot of wisdom

東京裏返し 社会学的街歩きガイド　吉見俊哉
人に寄り添う防災　片田敏孝
プロパガンダ戦争 分断される世界とメディア　内藤正典
イミダス 現代の視点2021　イミダス編集部・編
中国法「依法治国」の公法と私法　小口彦太
福島が沈黙した日 原発事故と甲状腺被ばく　榊原崇仁
女性差別はどう作られてきたか　中村敏子
原子力の精神史――〈核〉と日本の現在地　山本昭宏
ヘイトスピーチと対抗報道　角南圭祐
世界の凋落を見つめて クロニクル２０１１－２０２０　四方田犬彦
「自由」の危機 ――息苦しさの正体　藤原辰史　内田樹ほか
「非モテ」からはじめる男性学　西井開
妊娠・出産をめぐるスピリチュアリティ　橋迫瑞穂
マジョリティ男性にとってまっとうさとは何か　杉田俊介
書物と貨幣の五千年史　永田希
インド残酷物語 世界一たくましい民　池亀彩
シンプル思考　里崎智也

韓国カルチャー 隣人の素顔と現在　伊東順子
「それから」の大阪　スズキナオ
ドンキにはなぜペンギンがいるのか　谷頭和希
何が記者を殺すのか 大阪発ドキュメンタリーの現場から　斉加尚代
フィンランド 幸せのメソッド　堀内都喜子
私たちが声を上げるとき アメリカを変えた10の問い　和泉真澄　坂下史子ほか
「黒い雨」訴訟　小山美砂
差別は思いやりでは解決しない　神谷悠一
ファスト教養 10分で答えが欲しい人たち　レジー
非科学主義信仰 揺れるアメリカ社会の現場から　及川順
おどろきのウクライナ　橋爪大三郎　大澤真幸
対論 １９６８　笠井潔　絓秀実
武器としての国際人権　藤田早苗
小山田圭吾の「いじめ」はいかにつくられたか　片岡大右
クラシックカー屋一代記　涌井清春　金子浩久構成
カオスなＳＤＧｓ グルっと回せばうんこ色　酒井敏
「イクメン」を疑え！　関口洋平

集英社新書　好評既刊

政治・経済――A

国権と民権　佐高信　早野透
限界の現代史　内藤正典
除染と国家 21世紀最悪の公共事業　日野行介
安倍政治 100のファクトチェック　南彰　望月衣塑子
「通貨」の正体　浜矩子
隠された奴隷制　植村邦彦
未来への大分岐　マルクス・ガブリエル　マイケル・ハート　ポール・メイソン　斎藤幸平・編
「国連式」世界で戦う仕事術　滝澤三郎
国家と記録 政府はなぜ公文書を隠すのか？　瀬畑源
水道、再び公営化！ 欧州・水の闘いから日本が学ぶこと　岸本聡子
改訂版 著作権とは何か 文化と創造のゆくえ　福井健策
朝鮮半島と日本の未来　姜尚中
人新世の「資本論」　斎藤幸平
国対委員長　辻元清美
アフリカ 人類の未来を握る大陸　別府正一郎
〈全条項分析〉日米地位協定の真実　松竹伸幸
日本再生のための「プランB」　兪炳匡

新世界秩序と日本の未来　内田樹　姜尚中
世界大麻経済戦争　矢部武
中国共産党帝国とウイグル　橋爪大三郎　中田考
安倍晋三と菅直人　尾中香尚里
ジャーナリズムの役割は空気を壊すこと　森達也　望月衣塑子
代表制民主主義はなぜ失敗したのか　藤井達夫
会社ではネガティブな人を活かしなさい　友原章典
自衛隊海外派遣 隠された「戦地」の現実　布施祐仁
北朝鮮 拉致問題 極秘文書から見える真実　有田芳生
アフガニスタンの教訓 挑戦される国際秩序　山本忠通　内藤正典
原発再稼働 葬られた過酷事故の教訓　日野行介
北朝鮮とイラン　福原裕二　吉村慎太郎
歴史から学ぶ 相続の考え方　神山敏夫
非戦の安全保障論　柳澤協二　伊勢﨑賢治　加藤朗　林吉永
西山太吉 最後の告白　西山太吉　佐高信
日本酒外交 酒サムライ外交官、世界を行く　門司健次郎
日本の電機産業はなぜ凋落したのか　桂幹

集英社新書　好評既刊

ノンフィクション——N

a pilot of wisdom

ヴィジュアル版――V

日本の電機産業はなぜ凋落したのか 体験的考察から見えた五つの大罪
桂 幹 1153-A
世界一の強さを誇った日本の電機産業の凋落の原因を、最盛期と凋落期を現場で見てきた著者が解き明かす。

永遠の映画大国 イタリア名画１２０年史
古賀 太 1154-F
日本でも絶大な人気を誇るイタリア映画の歴史や文化を通覧することで、豊かな文化的土壌を明らかにする。

江戸の芸者 近代女優の原像
赤坂治績 1155-F
陰影に富んだ世界があったが、歴史教科書には記述が少ない江戸の女性芸能。本書はその成立と盛衰に迫る。

反戦川柳人 鶴彬の獄死
佐高 信 1156-F
反骨の評論家が、反戦を訴え二十九歳で獄死した川柳人・鶴彬の生きた時代とその短い生涯、精神を追う。

日本のカルトと自民党 政教分離を問い直す
橋爪大三郎 1157-C
宗教社会学の第一人者がカルト宗教の危険性を説き、民主主義と宗教のあるべき関係を明快に解説する。

クラシックカー屋一代記
涌井清春 構成・金子浩久 1158-B
コレクターで販売も行う著者が、自動車の歴史、文化・機械遺産としてのクラシックカーの存在意義等を語る。

カオスなＳＤＧｓ グルっと回せばうんこ色
酒井 敏 1159-B
なぜＳＤＧｓを取り巻く言説はモヤモヤするのか？ 京大変人講座教授が説く本当の「持続可能性」とは。

海のアルメニア商人 アジア離散交易の歴史
重松伸司 1160-D
大国の思惑により離散を余儀なくされたアルメニア人の生き様を、アジア交易の視点から鮮やかに描く。

「イクメン」を疑え！
関口洋平 1161-B
日常語となった「イクメン」。その文化を無批判に受け入れてきた日本社会への強烈なカウンターオピニオン。

太平洋戦争史に学ぶ 日本人の戦い方
藤井非三四 1162-D
日本人特有の戦い方が敗因となった太平洋戦争を通覧し、その特徴を詳細に分析。今でも変わらぬ教訓とは。